MARCO POLO

Nordseeküste Schleswig-Holstein

Reisen mit Insider Tipps

Diesen Reiseführer schrieb der Journalist Andreas Bormann, der in Nordfriesland lebt und arbeitet.

www.marcopolo.de

Infos zu den beliebtesten Reisezielen im Internet, siehe auch Seite 104

SYMBOLE

MARCO POLO INSIDER-TIPPS:
Von unserem Autor für Sie entdeckt

MARCO POLO HIGHLIGHTS:
Alles, was Sie an Schleswig-Holsteins Nordseeküste kennen sollten

HIER HABEN SIE EINE SCHÖNE AUSSICHT

WO SIE JUNGE LEUTE TREFFEN

PREISKATEGORIEN

Hotels	
€€€	über 80 Euro
€€	60–80 Euro
€	bis 60 Euro

Die Preise gelten für zwei Personen im Doppelzimmer mit Frühstück.

Restaurants	
€€€	über 15 Euro
€€	11–15 Euro
€	unter 11 Euro

Die Preise gelten für ein Hauptgericht ohne Getränke.

KARTEN

[110 A1] Seitenzahlen und Koordinaten für den Reiseatlas schleswig-holsteinische Nordseeküste

[U A1] Koordinaten für die Karten zu Husum und St. Peter-Ording im hinteren Umschlag.

Zu Ihrer Orientierung sind auch die Orte mit Koordinaten versehen, die nicht im Reiseatlas eingetragen sind.

GUT ZU WISSEN

Nicht nur »Der Schimmelreiter« **10** · Nordfriesische Spezialitäten **20**
Seehunde mögen keinen Stress **32** · Dänisch shoppen **37**
Theodor Storm **46** · Alles unter der Haube **61** · Stolze Sätze **72**
Geh nie allein! **84**

Inhalt

Die wichtigsten MARCO POLO Highlights

Sehenswürdigkeiten, Orte und Erlebnisse, die Sie nicht verpassen sollten

1. **Biikebrennen**
Einheimische und ihre Gäste wärmen sich am 21. Februar an den überall lodernden Feuern (Seite 24)

2. **Andresens Gasthof**
Wer satt ist, fährt an Bargum vorbei; Hungrige bremsen; Gourmets haben einen Tisch bestellt (Seite 28)

3. **Charlottenhof**
Kultur im Kuhstall. Lesungen, Musik und Märkte in Klanxbüll (Seite 32)

4. **Nolde-Museum**
Der Bau, die Bilder und die Blumen des Emil Hansen aus Nolde in Seebüll (Seite 34)

5. **Tønder**
Kunst gucken, Kerzen kaufen und Kuchen essen im Königreich (Seite 35)

6. **NordseeMuseum Husum**
Deichmuseum mit Spielplatz für kleine und große Deichbauer (Seite 42)

7. **Friedrichstadt**
Grachten, Schiffe, Giebelhäuser wie in Holland. Nur Käse gibt es hier nicht (Seite 52)

Verträumte Kanäle in Friedrichstadt

Das Nolde-Museum in Seebüll

Westerhever Leuchtturm

8 Westerhever Leuchtturm
Das Wahrzeichen der Küste wirbt für das Land und lockt Brautpaare (Seite 57)

9 Multimar Wattforum
Sehen. Fühlen. Tasten. In Tönning das Wattenmeer entdecken (Seite 59)

10 Roter Haubarg
Quadratisch, gewaltig, hoch: staunen und schlemmen unter dem Riesenreetdach in der Nähe von Witzwort (Seite 60)

11 Brunsbütteler Schleusen
Maßarbeit für dicke Dampfer: Das Westende des Nord-Ostsee-Kanals ist das Nadelöhr zur Nordsee (Seite 64)

12 Kutterhafen
Krabben, Kutter, Kapitäne. Sie kommen und gehen mit dem Wasser – auch in Friedrichskoog (Seite 68)

13 Seehundstation Friedrichskoog
Zuflucht für die Waisenkinder des Wattenmeers. Erste Hilfe für Heuler (Seite 68)

14 Windenergiepark Westküste
Wind plus Mühle gleich Watt oder: Wie kommt der Wind in die Steckdose? Antwort gibt's im Kaiser-Wilhelm-Koog (Seite 70)

15 Wattführungen
Überall im Watt tobt das Leben. 10 000 Wesen auf einem Quadratmeter – und Sie mittendrin (Seite 84)

★ *Die Highlights sind in der Karte auf dem hinteren Umschlag eingetragen*

Entdecken Sie Schleswig-Holsteins Nordseeküste!

Wo der Wind zu Hause und der Himmel weit ist, wo das Wasser kommt und geht

Bei null ruht er, bis fünf schafft er es fast täglich, ab sechs wird er ungemütlich, über zehn gefährlich, erreicht er zwölf, meldet das Radio Unwetterwarnungen. Er lässt die Bäume gen Osten wachsen, verpasst den Büschen eine Sturmfrisur. Meistens bläst er aus Westen; mal aus Nordwest, mal kommt er aus Südwest, der »Schietecke«, denn von dort bringt er Wolken und Regen mit. Der Wind ist ständiger Begleiter an der Küste. Stehen die Windräder still oder ein schlapper Ostwind treibt sie an – was selten passiert –, bleibt das Wetter zwar, wie es ist, aber bei ablandigen Brisen plätschert das Meer wie gelähmt vor sich hin, und die Menschen an der Küste fühlen sich »dösig« im Kopf. Ohne Wind ist die Welt an der Nordsee nicht in Ordnung. Er ist hier zu Hause; oft lässt er das Meer, wie die Seeleute sagen, kabbelig werden: Dann türmen sich Wellen auf, stürzen in sich zusammen, Kämme brechen, die Gischt schäumt, und die Wassermassen werden mit aller Macht gegen das Land gedrückt.

St. Peter-Ording: eins der typischen Pfahlbaurestaurants am weitläufigen Strand

Fischer beim Klönschnack

Seit sie hier leben, heißt es für die Menschen im Westen Schleswig-Holsteins, Wind und Wasser zu widerstehen, den Naturgewalten zu trotzen. Ihre Devise und zugleich ihr Schicksal: »Wer nicht will deichen, muss weichen.« Rund 300 km lang ist die Deichlinie; ein Erdwall, 8 m hoch, der die Küstenlandschaft in zwei Teile teilt. Binnen, auf der Landseite, zerschneiden Gräben und Sielzüge das Marschland. Ein ausgeklügeltes Kanalsystem, einst von den Niederländern ins Land gebracht, sorgt dafür, dass Mensch und Tier hier keine nassen Füße bekommen. Buten, auf

Geschichtstabelle

700–900 Die ersten Friesen lassen sich in dem dünn besiedelten Land nieder. Sie kommen aus den Mündungsgebieten von Rhein, Weser und Ems

um 1200 Sie bauen die ersten Deiche, um ihr Land zu sichern

1203 Knud VI. von Dänemark erobert Holstein

1227 Schlacht von Bornhöved. Ende der dänischen Vorherrschaft. Deutsch-dänische Grenze wird die Eider

1362 Große »Mandränke«: 20 000 Menschen ertrinken. Die Flutkatastrophe zerstört Teile der Küste. Die Insel Eiderstedt entsteht

1460 Der dänische König Christian I. wird zum Landesherrn von Schleswig und Holstein gewählt

1489 Der Dammkoog verbindet Eiderstedt mit dem Festland

1490 Schleswig-Holstein wird zwischen Dänemark und den Gottorfer Herzögen aufgeteilt

1500 Schlacht von Hemmingstedt. Die Dithmarscher Bauern besiegen das viel größere Dänenheer

1621 Niederländische Glaubensflüchtlinge gründen Friedrichstadt

1634 Die Burchardiflut zerstört Alt-Nordstrand. Pellworm, Nordstrand und Nordstrandischmoor entstehen

1773 Schleswig-Holstein wird dänisch

1777 Der Eider-Kanal, die erste Wasserstraße, die Nord- und Ostsee verbindet, wird gebaut

1867 Schleswig-Holstein wird preußische Provinz. Auswanderungswelle nach Amerika

1895 Der Kaiser-Wilhelm-Kanal (Nord-Ostsee-Kanal) wird eröffnet

1920 Volksabstimmung in Schleswig über die Zugehörigkeit zu Dänemark. Nördlich von Flensburg entscheidet man sich für Dänemark, südlich davon für Deutschland

1927 Der Hindenburgdamm, die Eisenbahnverbindung zur Insel Sylt, wird eröffnet

1946 Gründung des Landes Schleswig-Holstein

1985 Der Nationalpark »Schleswig-Holsteinisches Wattenmeer« wird eingerichtet

2002 Im Wattenmeer vor Schleswig-Holstein sterben über 3300 Seehunde am Staupevirus

2007 Der Westerhever Leuchtturm, das Markenzeichen der Nordseeküste, feiert frisch rot-weiß lackiert seinen 100. Geburtstag

der Seeseite des Deichs, müht sich der Mensch, das Meer zu zähmen. Seit Jahrhunderten rammen die Küstenbewohner Tausende Pfähle ins Watt, schütten Erdhaufen auf, ziehen Gräben, heute wird auch asphaltiert und betoniert – mit nur einem Ziel: der stürmischen See, dem »Blanken Hans«, die Stirn zu bieten.

Ein Blick auf die Landkarten von einst zeigt, wie mächtig Sturm und Wellen sind, wie viel Land sich das Meer in den vergangenen Jahrhunderten, oft in nur wenigen Stunden, geholt hat. So ist die heutige Nordseeküste mit den Inseln und Halligen ein Ergebnis vergangener Katastrophen. Und auch dieser Rest ist vor neuen Fluten nicht sicher. Nur dank des intensiven Küstenschutzes hatte der »Blanke Hans« in den letzten Jahrzehnten kaum eine Chance, sich noch mehr Land einzuverleiben.

» Wind und Wasser bestimmen das Leben «

300 000 Menschen leben an der Westküste Schleswig-Holsteins, südlich der Eider die Dithmarscher (136 000), nördlich die Nordfriesen (164 000). Was sie unterscheidet? Steht ein Nordfriese auf dem Deich, schaut er aufs Meer, mit Wehmut und Stolz. Waren seine Vorfahren doch Kapitäne, Steuerleute, Matrosen. Der Dithmarscher hingegen, so die gern erzählte Anekdote, kehrt der See den Rücken zu. Er blickt auf das grüne, fruchtbare Land. Mit stolzer Geste wird er sagen: »All min!« Wind und Wasser haben das Denken und Handeln der Menschen nördlich wie südlich der Eider schon immer bestimmt. Flutkatastrophen raubten den Nordfriesen ihr fruchtbares Land; sie heuerten auf Walfängern an und fuhren zur See. Die Dithmarscher blieben zu Hause. Zwar wurden auch sie vom »Blanken Hans« nicht

An der Nordseeküste gibt es auch grünen Strand – wie hier in Büsum

verschont, doch da das Marschland südlich der Eider höher liegt, konnten die Bauern sorgloser ihre Äcker bestellen und von den Erträgen Frau und Kinder ernähren.

Heute ist der gesamte Küstenstrich zwischen Elbmündung und deutsch-dänischer Grenze, wie es Politiker nennen, strukturschwaches Gebiet. Folglich gibt es für Finanzminister hier wenig zu holen. Und auch dem Arbeitsminister bereitet das platte Land Kopfschmerzen. Werden die Arbeitslosenzahlen bekannt gegeben, steht die Westküste regelmäßig an der Spitze. Attraktive Arbeitsplätze gibt es nur in den Städten. Die Folge: Die Jungen, die Erben von Hof und Acker, sehen hinter dem Deich keine Zukunft. Viele verlassen die Küste. Wer bleibt und allein von Raps, Weizen, Kohl, Schafen und Kühen nicht leben kann, der baut den Stall oder das Dachgeschoss aus, hängt ein Schild in den Vorgarten und hofft auf ein Zubrot. Bläst der Wind nicht allzu oft aus der Schietecke, ist der Himmel blau, die Nordsee warm; kurzum, verspricht der Wetterbericht einen richtigen Sommer, dann geht die Rechnung auf, und die Gastgeber an der Nordsee können das Schild »Zimmer frei« umdrehen.

Nach der Wiedervereinigung boomte es auf den Inseln und an der Küste. Gäste aus den neuen deutschen Ländern sorgten für volle Kassen. Inzwischen sind die Ferienorte in Mecklenburg-Vorpommern saniert, sprechen Kurdirektoren von einem Tourismusduell der beiden Küstenländer. Freuen können sich die Gäste, denn der Wettbewerb sorgt für ein auch qualitativ besseres Angebot. Um Nepp möglichst zu verhindern, werden im-

Nicht nur »Der Schimmelreiter«

Küstenliteratur für Groß und Klein

Siggi Jepsen – sein Vater ist der nördlichste Polizeiposten Deutschlands und überwacht während des Dritten Reiches das gegen seinen Jugendfreund Nansen (Emil Nolde) verhängte Malverbot – muss eine Strafarbeit mit dem Thema »Die Freuden der Pflicht« schreiben. Die »Deutschstunde« (1968) von Siegfried Lenz ist Gesellschaftskritik und zugleich eine Liebeserklärung an die Nordseeküste. »Eine Kindheit hinter dem Deich« (1998) und »Kinderjahre an der Nordsee« (1996) sind anrührende und detailgetreue Erinnerungen von Max Lorenzen. Fotos von einst hat Hans Hermann Storm in seiner Bildbandreihe »So war es damals – Das Leben auf dem Lande« zusammengestellt. Allwissend ist »Das große Nordfriesland-Buch« von Thomas Steensen (Hrsg.). Die Fragen der kleinen Küstenbesucher beantwortet der Ensslin-Naturführer »Am Meer«. Und für die ganz Lütten gibt es von Armin Täubner das Malbuch »Sonne, Strand und Meer« und zum Vorlesen »Mimmi an der Nordsee«.

In der Husumer Altstadt finden sich viele liebevoll renovierte Häuser

mer mehr Unterkünfte klassifiziert. Die Vermieter sind so gezwungen, ihre Zimmer und Apartments nach und nach aufzumöbeln und den Siebzigerjahre-Schick auf den Sperrmüll zu stellen.

»Es gibt kein schlechtes Wetter, nur die falsche Kleidung!« Diese, zugegeben, etwas kesse Gleichung soll Sonnensüchtige trösten, wenn beim Blick aus dem Fenster mal wieder »Schietwetter« aus der besagten Ecke aufzieht. Kein Trost? Nun, vielleicht vertreibt ja die Statistik die letzten Zweifel am Nordseewetter. In der Hochsaison von Juni bis August gibt es im schlechtesten Fall zehn Regentage im Monat. Die Sonne scheint sieben bis neun Stunden am Tag (!), und die Nordsee erwärmt sich auf erfrischende zwanzig Grad.

»Das Nordseewetter ist besser als sein Ruf«

Den wahren Nordseefan schert die Wetterkarte ohnehin nicht. Er kommt im Herbst, Winter oder im Frühjahr, holt sich statt eines Sonnenbrands eine kalte Nase, schwört auf das gesunde Reizklima und schwärmt von der Ruhe. Auch die Küstenbewohner sind nicht traurig, wenn die meisten Gäste weg sind, ihr Leben wieder beschaulich wird. Ihnen wird ja eh nachgesagt, sie seien wortkarg. Wahr ist, dass der Mensch hinter dem Deich gern auch mal schweigt, länger als es so mancher gestresste Stadtbewohner aushalten mag. Wer viel fragt, bekommt hier nur kurze Antworten, ein kehliges »Jo« vielleicht oder ein lang gezogenes »Dooch«. Mehr nicht. Und dies ist bitte nicht als Ablehnung zu verstehen. Im Gegenteil: Gemeinsam auf der Bank vor dem Haus oder am Deich sitzen, in die Weite schauen und schweigen – das ist Glück an der Nordseeküste.

Von Gezeiten und über den Wind

Wichtiges über das Leben hinter und vor den Deichen

Deiche

Die ältesten Deiche, die man bisher kennt, sind rund 900 Jahre alt. Friesen aus dem Gebiet der Rheinmündung brachten die Fertigkeit des Deichbaus um das Jahr 1000 ins Land. 2–3 m hoch waren die ersten Erdwälle, die das Wasser zurückhalten sollten. Natürlich reichte diese Deichhöhe nicht aus, das Land vor Sturmfluten im Herbst und Winter zu schützen. Diese so genannten Überlaufdeiche oder auch Sommerdeiche dienten dazu, Weiden und Felder zumindest im Sommer trocken zu halten.

Einst war Deichbau Knochenarbeit (eindrucksvoll beschrieben von Theodor Storm im »Schimmelreiter«). Ein Heer von Männern mühte sich in Schlick und Wasser; sie mussten die Unmengen Kleiboden mit Schaufeln und Schubkarren bewegen. Kaum vorstellbar in Zeiten der Bagger und Planierraupen.

Die ersten Deiche wurden aus Klei, also Marschboden aufgeschüttet. Der Deich des 20. Jhs. ist bis zu 8 m hoch, hat einen Sandkern mit einer Kleidecke. Der Vorteil: Die Deichbauer benötigen weniger kostbaren Marschboden und können sich den reichlich vorhandenen Sand aus dem Meer holen. Um das Grün kümmern sich vierbeinige Helfer: Schafe ziehen über die Deiche, halten das Gras kurz und verdichten den Boden, sodass Maulwürfe und Mäuse so gut wie keine Chance haben, im Deich herumzuwühlen.

Schafe liefern nicht nur Fleisch und Wolle: Sie halten auch das Gras auf den Deichen kurz

Gezeiten

Unter Gezeit oder Tide werden Wasserstandsänderungen des Meeres verstanden. Der täglich zweimalige Höchststand wird als Hochwasser, der Niedrigstand als Niedrigwasser bezeichnet. Wobei der Begriff Hochwasser nichts mit Über-die-Ufer-Treten zu tun hat. An der Küste spricht man dann von Sturmfluten. Hochwasser hingegen ist an der Nordsee alltäglich. Ursache für die Gezeiten sind die Anziehungs- und Fliehkräfte von Erde, Mond und Sonne.

Einerseits baut der Mond mit seiner Anziehungskraft auf der ihm zugewandten Erdhälfte Wassermassen auf, einen so genannten »Flutberg«; andererseits entstehen durch die Drehung der Planeten Fliehkräfte, sodass sich auf der anderen Erd-

Besonders anschaulich wird der Tidenhub im Husumer Binnenhafen

hälfte ebenfalls ein Flutberg bildet. Da diese Kräfte Wassermassen binden, schaffen sie zugleich »Ebbtäler«. Nun dreht sich die Erde alle 24 Stunden einmal um ihre eigene Achse, was bedeutet, sie dreht sich unter den Flutbergen und Ebbtälern hindurch. Folglich hat jeder Punkt der Erde zweimal einen Flutberg und ein Ebbtal. Eine Tide, bestehend aus Ebbe und Flut, dauert an der Nordsee 12 Stunden, 25 Minuten. Zirka sechs Stunden steigt das Wasser an, sechs Stunden fällt der Wasserspiegel. Die Differenz zwischen diesen beiden Wasserständen wird Tidenhub genannt; er liegt an der Nordsee zwischen 2 und 4 m.

Stehen Erde, Mond und Sonne in einer Linie, addieren sich die Anziehungskräfte, Ebbe und Flut sind dann besonders stark (Springtide); stehen Sonne und Mond im rechten Winkel zur Erde, sind die Gezeiten besonders schwach (Nipptide).

Koog

Eingedeichtes Marschland nennt man Koog. Ein solcher entsteht in drei Schritten: Erst wird das Land gewonnen (siehe Lahnungen) und als so genanntes Vorland gepflegt. Hat dieses die »Deichreife« erreicht, kann es eingedeicht, bewirtschaftet und schließlich besiedelt werden. Deichreif ist ein Vorland, wenn es eine bestimmte Höhenlage erreicht hat und der Boden landwirtschaftlichen Anforderungen genügt, wenn dort also bestimmte Pflanzen, zum Beispiel Weißklee, wachsen können.

Die Deichreife spielte bis in die Mitte des vergangenen Jahrhunderts eine wichtige Rolle. Denn damals wurden Deiche gebaut, um Köge und damit neues Ackerland zu schaffen. Den alten Kögen aus dem 15. und 16. Jh. (bei Niebüll der Kornkoog oder der Gotteskoog) ist kaum noch anzusehen, dass hier einst kein Baum, kein Strauch wuchs, kein Mensch lebte. Heute wirken sie wie »normales« Land.

Die Zeiten der Eindeichung zur Gewinnung von neuem Ackerland sind lange vorbei. Neue Deiche und Köge dienen heute ausschließlich dem Küstenschutz.

Lahnungen

Sie teilen das Vorland, die Wiesen und das Watt vor dem Deich in Landgewinnungsfelder. Diese Pfahlzäune beruhigen das aufgelaufene Wasser, dämpfen die Wellenbewegung; zwischen den Lahnungen bilden sich so genannte Stillwasserzonen. Hier setzen sich die von der Flut angespülten Sedimente ab. Diese so genannte Aufschlickung ist der erste Schritt der Landgewinnung. Bei wind- und strömungsgünstiger Wattlage fallen bis zu 30 cm Schlick im Jahr an; in ungünstigen Küstenabschnitten können es auch nur 2 cm sein.

Lahnungen müssen schwere Sturmfluten und auch den Eisschub im Winter überstehen. Deshalb werden die Pfähle mit Motorhilfe in Doppelreihen tief in den schweren Schlickboden gerammt. Der Zwischenraum wird mit Heidekraut und Buschwerk gestopft. Um die Reihen zusätzlich zu stabilisieren, werden die Pfähle kreuzweise mit verzinktem Draht fest verspannt. Eine mühsame und langwierige Arbeit, die nicht immer belohnt wird. Wütet im Herbst und Frühjahr der »Blanke Hans«, kann eine Sturmflut innerhalb weniger Stunden das Werk vieler Monate zerstören.

Moin

Glauben Sie bloß nicht, die Küstenmenschen würden sich von Sonnenauf- bis Sonnenuntergang einen guten Morgen wünschen. Der Ruf *Moin* meint nicht Morgen. *Moi* heißt auf Plattdeutsch: gut, schön. Entsprechend bedeutet *Moin:* einen guten. Wird Ihnen ein freundliches *Moin* zugerufen, grüßen Sie mit einem einfachen *Moin* zurück, niemals mit einem *Moin, Moin!*, das ist für die Nordfriesen Touristenplatt.

Zur Aussprache: In *Moin* gibt es kein J. Also nicht *Meujen*. Richtig ist ein kurzes *Meun*, ähnlich wie neun. Verabschieden Sie sich, sagen Sie einfach: »Tschüs!«

Reet

Das auch Ried genannte Schilfrohr wird in Bündeln im Winter geerntet. Dann sind die Blätter welk, und die saftlosen Halme lassen sich gut schneiden.

Da der heimische Reetbestand lange nicht mehr genügt, werden die Halme aus Ungarn importiert. Frisch gedeckt hat die »Strohhaube« eines Hauses eine Stärke von 40 cm. Das Reetdach hat an der stürmischen Küste den Vorteil, dass es dem Wind nachgibt; manch starke Böe, die ein Pfannendach abdecken würde, kann der dicken, aber weichen Halmhaube nichts anhaben. Und das Stroh isoliert: Im Winter hält es die wohlige Wärme, im Sommer sorgt es unter dem Dach für kühle Räume. Kommt ein Reetdach in die Jahre, haben Wind und Wetter an den Halmen gezerrt, wird die Strohlage dünner. So hat ein Reetdach eine Lebensdauer auf der Wetterseite von etwa sechzig Jahren, auf der geschützten Seite kann es gut und gerne hundert Jahre alt werden.

Neu gedeckt sieht ein Reetdach aus wie ein sorgsam geschorenes dickes Fell. Doch die Dachdecker schneiden nicht, sie klopfen. Zuerst werden die Halme bündelweise mit Draht auf die Dachlatten genäht. Schließlich klopft der Reetdachdecker mit seinem Klopfbrett die Halme auf gleiche Länge. Einziger Nachteil eines Strohdachs und für die Besitzer zugleich ein Albtraum: Reet ist leicht entzündbar. Brennt das Dach, führt solch eine Katastrophe meist zum Totalschaden. So sind die Versicherungsprämien im Vergleich zum so genannten Hartdach drei Mal so hoch.

Reizklima

Jeder Nordseeurlauber schwärmt davon: Es ist ja so gesund! Doch was reizt am Reizklima? Bereits die alten Römer wussten: »Neptunus omnia sanat – das Meer heilt alles«. Für den Badearzt der Neuzeit sind es drei Dinge, die den Menschen an der Küste »reizen«: der Wind, die Luft und das Wasser, wobei der Wind dies am intensivsten tun kann. Sein Zerren und Drängen gleicht einer Massage und hat direkten Einfluss auf die Nervenzellen und Blutgefäße in der Haut. Zudem ist er staub- und allergenfrei und mit feinen Mineralsalzen durchsetzt. Besonders reizvoll sind Spaziergänge nah der Wasserlinie. Dort ist die Luft feucht, und sie belebt dank ihres hohen Jodgehalts alle Drüsen mit hormoneller Funktion. Am Strand und bei Ebbe auf den Watten atmen Sie zehnmal mehr Jod ein als im Binnenland. Drittes im Bunde des Reizklimas ist das Wasser. Ein Bad im Meer belebt, nicht nur, weil das Wasser kalt ist, auch Wellen, Salz und Gasbläschen im Schaum der Gischt massieren den Körper, röten die Haut.

Und noch etwas regt das Nordseeklima an: Ihren Appetit. Die Seeluft erhöht den Stoffwechsel; Ihr Körper verbrennt mehr Kalorien. Die Folge: Sie haben Hunger. Ob Sie sich diesem Reiz hemmungslos hingeben, das müssen Sie selber entscheiden.

Sprache

Was Sie auf dem Markt oder beim Bäcker nicht verstehen, ist oft ein Gemisch aus vielen Sprachen. Dazu muss man wissen, dass im Land Schleswig-Holstein fünf Sprachen gesprochen werden: die zwei Standardsprachen Hochdeutsch und Reichsdänisch und die drei Volkssprachen Niederdeutsch, Friesisch und Jütisch. Dabei ist die Nordseeküstenregion, besonders die Wiedingharde im Norden Nordfrieslands, das Babylon des Landes. Hier reicht das Sprachengewirr bis in die Familien. Die Großeltern sprechen Friesisch oder Jütisch, unterhalten sich mit ihren Kindern auf Niederdeutsch. Diese wiederum sprechen mit ihren Kindern, den Enkeln, Hochdeutsch.

Man schätzt, dass etwa 8000 Friesen die Sprache ihrer Vorfahren beherrschen. Was nicht heißt, dass ein Inselfriese einen Festlandfriesen versteht, denn im Friesischen gibt es wiederum zig Dialekte. Sind die Einheimischen unter sich, sprechen sie ihre Sprache. Sie gehört zur Tradition und ist Teil ihrer Identität. Besonders das Niederdeutsche ist weit verbreitet und gilt als Familiensprache. Wollen die Enkel den Großvater verstehen, können sie in der Schule freiwillig Friesisch lernen. In einem Jahrgang quälen sich etwa 1000 Schüler durch Vokabeln und Grammatik der Großväter. So wird es wohl noch eine Zeit dauern, bis das oft totgesagte Friesisch an der Küste nicht mehr gesprochen wird.

Windkraft

Schleswig-Holstein ist Weltmeister in Sachen Windenergie. 2145 Windräder drehen sich zwischen Nord- und Ostsee. Im Februar 2002 hat das Land einen neuen Rekord aufgestellt: Die Hälfte der verbrauchten Elektrizität wurde in diesem stürmischen Monat vom Wind erzeugt, für wenige Stunden deckten die Windkraftanlagen sogar den gesamten Strombedarf. Nach der Ölkrise Anfang der Siebzigerjahre experimentierten die Länder Israel, Dänemark, die USA und Deutschland mit dem Wind als Stromerzeuger. In Schleswig-Holstein ging die erste Großwindanlage, kurz GROWIAN, 1983 ans Netz, wurde jedoch ein Flop. Das riesige Windrad, 150 m hoch, 100 m breit, war technisch noch nicht ausgereift. Den Erfolg brachten viele kleine Räder: So wurde 1987 im Kaiser-Wilhelm-Koog der erste Windpark mit 32 Windanlagen in Betrieb genommen. Bund und Länder subventionieren den Bau, und die Bauern wittern ein gutes Geschäft. Der Wildwuchs der »Energiespargel« führte zu einer heftigen Debatte im Land: Befürworter berufen sich auf den Umweltschutz; die Gegner fürchten um die Schönheit der Landschaft. Inzwischen dürfen nur noch in ausgewiesenen Gebieten Räder aufgestellt werden. Da es im Land zwischen den Meeren zu eng wird, heißt die Zukunft *off shore* – Windkraftanlagen weit draußen in der Nordsee. Das ehrgeizige Ziel der Landesregierung, in Zukunft die Hälfte des gesamten Strombedarfs in Schleswig-Holstein mittels Windenergie zu erzeugen, rückt in greifbare Nähe. 2005 waren es bereits 30 Prozent.

Energiespender in Dithmarschen: Kohl und Windräder

Von wegen – ein Lamm ist ein Lamm

Die Westküste hat ihre eigenen, ganz besonderen Gerichte und Getränke

Die einen locken mit friesischen Farben, maritimem Dekor, die anderen haben den Charme einer Bahnhofsgaststätte: die Fassade zugepflastert mit Brauereileuchtwerbung, die Fenster verhängt mit Gilbgardine. Doch lassen Sie sich nicht abschrecken. Ob schick oder schäbig, das sagt nichts über den Koch und seine Künste. Manch einer, der sich hineinwagte, schwärmt noch heute von dem Heringstopf mit Bratkartoffeln und den Typen am Tresen.

Fisch – na klar! Aal, Scholle, Makrele werden fangfrisch serviert. Auf dem Teller ist die Scholle Spitzenreiter; zwischen zwei Brötchenhälften geklemmt, liegen Rollmops, Bismarck- oder Brathering vorne, dicht gefolgt von Krabben und Lachs. Achten Sie bei der Wahl der Fischbude auf das Schild »Warme Fischbrötchen«. Hier werden die Brötchenhälften leicht angeröstet. Köstlich!

Scholle gibt es in zig Variationen auf der Speisekarte. Wer Gräten fürchtet, die Haut nicht mag und den Plattfisch auf dem Teller nicht zu bändigen weiß, der bestellt Filets, gebacken in dünner Panade.

Überall gibt es lauschige Gaststätten wie diese in St. Peter-Dorf

Beliebte Vorspeise ist die Krabbensuppe. Serviert wird sie in einer Suppentasse – heiß muss sie sein, gekrönt mit einer Sahnehaube. So weit, so gut. Wer Suppe bestellt, weil er das »Dünne« schätzt, der kann kaum enttäuscht werden. Wer jedoch auf »Dickes« hofft, der kann die Tierchen, die er in der Tasse fischt, häufig zählen. Machen Sie Ihrem Ärger Luft. In eine Krabbensuppe gehören Krabben!

Sättigender ist das »Halligbrot«. Auf einer Scheibe Schwarzbrot, dünn mit Butter bestrichen, werden Rührei und Krabben angehäuft. Ist die Brotscheibe unter einer guten Portion nicht zu sehen, hat es der Koch gut mit Ihnen gemeint.

Eine Ente ist eine Ente; und ein Lamm ist ein Lamm. Von wegen! An der Nordseeküste werden Enten als »Koogenten« angepriesen; hier ist ein Lamm ein »Deichlamm« oder gar ein »Salzwiesenlamm«. Wenn das Schaf zu Lebzeiten tatsächlich das Gras auf dem Deich

Nordfriesische Spezialitäten

Lassen Sie sich diese Köstlichkeiten gut schmecken!

Speisen

Friesentorte – zwischen zwei Blätterteiglagen Sahne und Pflaumenmus

Labskaus – zu einem Eintopf zusammengekochtes Pökelfleisch, Kartoffeln, Zwiebeln und Rote Bete. Dazu gibt es Hering und ein Spiegelei

Matjes – junge Heringe, eingelegt in milder Salzlake

Mehlbüdel – ein Kloß aus Mehl, Eiern, Hefe und Milch wird in einem Leinenbeutel (Büdel) gegart und dann süß mit Fruchtsoße, Zimt und Zucker oder würzig mit Schweinebacke und Senf gegessen

Pinkel – geräucherte Wurst aus Speck, Zwiebeln und Hafergrütze. Serviert vorzugsweise zu Grünkohl

Porren in Suur – Krabben in Weingelee mit Zwiebeln, Lorbeerblatt und Pfefferkörnern

Porrenpann – Krabben (plattdeutsch: Porren) mit Frühkartoffeln und Petersiliensoße

Scholle »Büsumer Art« – gefüllt mit Krabben

Scholle »Finkenwerder Art« – gebraten mit Speck

Suure Rull – Pansenrolle, gefüllt mit Schweinefleischstücken, sauer gekocht, anschließend in Scheiben geschnitten und kross gebraten. Dazu gibt es Steckrüben

Wiensupp mit Schink – eine Weinsuppe wird mit Graupen, Korinthen, Rosinen, Zucker, Eiern gekocht. Dazu isst man frisches Weißbrot mit gekochtem Schinken

Getränke

Kööm – Destillat aus Kümmelsamen und anderen Kräutern

Lütt un Lütt – in der einen Hand ein gezapftes Bier, in der anderen ein kühler Klarer. Trinkspruch: »Nicht lang schnacken, Kopf in' Nacken!«

Muck – bei Zeltfesten, Feuerwehrbällen etc. trinkt man Muck. Eine »harte« Mischung aus Limonade und Weinbrand oder Cola und Korn

Pharisäer – starker Kaffee mit Rum, Zucker und Sahnehaube

Punsch – schwarzer Tee (2/3) mit Geele Köm (1/3) und Zucker. Punschtassen sind klein: Es darf auch eine zweite sein

Tote Tante – heißer Kakao mit Rum und Sahnehaube

kurz gehalten hat, dann handelt es sich wahrlich um eine Delikatesse. Für Feinschmecker beginnt die Lammzeit Ende Mai, Anfang Juni. Dann sind die Tiere ein halbes Jahr alt, haben sich auf Deich und Wiesen schlachtreif gefuttert. Das Fleisch ist zart, fettarm und somit leicht bekömmlich. Wer an dieser Stelle die Nase rümpft, dem sei versichert: Lammfleisch stinkt nicht nach Hammel!

Was die Zubereitung angeht, erwarten Sie nicht die Raffinesse provençalischer Küche à la Thymian und Rosmarin. Auch mit Knoblauch haben viele Köche an der deutschen Küste noch nicht Freundschaft geschlossen. Dennoch: Entdecken Sie Lamm auf der Karte, lassen Sie es sich nicht entgehen. Und heißt es dort Deich- oder Salzwiesenlamm, werden Sie nicht allzu misstrauisch; die Küstenköche werden es kaum wagen, Ihnen Lammfleisch aus Neuseeland zu servieren.

Dithmarschen hat das größte Kohlkopfaufkommen Europas. Jährlich ernten die Dithmarscher für jeden Bundesbürger mindestens einen Kohl. So ist es kein Wunder, dass an der Küste das einstige »Armeleutegemüse« im Topf Karriere macht. Als Auflauf, Eintopf, Roulade, Salat; allerlei raffinierte Rezepte füllen Kochbücher und Speisekarten. Die Saison der Weiß-, Rot-, Spitz-, China- und Blumenkohlköpfe beginnt im Herbst; nach dem ersten Frost kommt Grünkohl auf den Teller. Dazu eine geräucherte Wurst namens Pinkel, Schweinebacke und kleine karamellisierte, süße Kartoffeln. Ein solch deftiges, nicht gerade fettarmes Mahl verdaut sich nicht so leicht. Lassen Sie sich von einem eisigen Aquavit helfen. Gut tut solch ein klarer Helfer auch nach einem Eintopf. Ob »dicke« Töpfe mit Fisch, Fleisch und Hülsenfrüchten oder »dünne«, klare Suppen mit Grießklößchen und Frühlingsgemüse – im Kreieren von Köstlichkeiten in nur einem Topf sind die Küstenköche wahre Meister. Speck mit süßen Kartoffeln, Fisch mit gedörrtem Obst, Gänsekeule süßsauer – die Vorstellung solcher Mixturen mag manchen Gaumen verschrecken, aber nach dem ersten Löffel … Die beste Zeit für den Star unter den Eintöpfen – Bohnen, Birnen und Speck – ist der Spätsommer; dann sind die kleinen Kochbirnen reif, die Bohnen zart, und vom Schinken gibt es den Speck.

Rote Grütze ist schon lange kein norddeutsches Geheimnis mehr. Wenn Sie Glück haben, sind die roten Beeren tatsächlich »hausgemacht«; mit Apfelsinensaft, Zimt und Zucker zur Grütze eingekocht. Serviert wird die rote Köstlichkeit schlicht mit Milch oder flüssiger Sahne. Wer es sich erlauben kann, der gönnt sich zum Nachtisch das ganze Programm: eine frisch gebackene, noch warme Waffel, auf der eine Kugel Vanilleeis schmilzt – dies alles mit »Rode Grütt«.

Hochprozentiges wird an der Küste gern »heimlich« getrunken. So werden in so manchen Kaffeetassen und Kakaobechern wärmende Geister versteckt. Lässt der »Punsch« noch ahnen, dass hier nicht nur der Tee belebt, denkt man bei »Pharisäern« und »Toten Tanten« zunächst an nichts Böses. Doch Vorsicht! Was sich unter den Sahnehauben auf dem Kaffee oder Kakao verbirgt, hat es in sich.

Crantz
№ 13
Dorfstrasse

Fell, Fleisch und Fischerhemd

Küstenkitsch, Souvenirs, Leckeres, Flüchtiges und ein paar Ideen für die Ewigkeit

Die Klassiker sind bekannt und gibt es überall: Anker für die Hausschlüssel, Flaschenöffner mit handschmeichelnder Badenixe, getrocknete Seesterne, Schneckenhäuser, die es in der Nordsee nicht gibt, die dafür aber am Ohr rauschen; Pharisäertassen, auf denen steht, was rein soll, oder die XXL-Ausführung eines Leuchtturms für den Vorgarten. Wer Küstenkitsch liebt, kommt ganz auf seine Kosten. Für Kinder recht süß ist die Fauna zum Kuscheln: Seehunde, Lämmer, Eiderenten, Plüschflundern.

Einfallsreicher und regional authentischer sind die blau-weißen Fischerhemden. Die gibt es nicht nur auf dem Bügel vor dem Souvenirladen, sondern auch im Fachgeschäft. Komplett ist diese Tracht mit einem roten Halstuch. Zu Hause zweifelt dann niemand mehr, dass Sie im Norden waren. Mitbringen können Sie aber auch etwas vom Schaf: Lammmettwurst, Lammschinken oder geräucherte Keule. Nachteil dieser Köstlichkeiten: Sie kommen irgendwann unters Messer, und die Erinnerung wird verspeist. Für den heimischen Vorratsschrank bietet sich ein Tee an. Dazu ein passendes Service, auf der Drehscheibe handgezogen, gebrannt mit friesisch-farbiger Glasur. Sehen Sie am Straßenrand ein Schild »Töpferei«, halten Sie an und schauen Sie rein. Es lohnt sich. Haben Sie sich endlich für Kanne, Becher und Stövchen entschieden, sparen Sie nicht am Tee. Es gibt obskure Mischungen, deren phantasievolle Namen mehr versprechen, als sie im heißen Wasser hergeben. Nun, auch solch Gebräu könnten Sie mit einem guten Schuss Köm retten. Schnaps als Souvenir? Wer es mag, macht nichts verkehrt. Doch auch die Prozente verbrauchen oder verflüchtigen sich mit der Zeit. Es soll doch lieber etwas für die Ewigkeit sein? Dann bleibt nur das Fell vom Schaf. Solch eine natürliche Wärmflasche kaufen Sie besser dort, wo Bock und Lamm zu Hause sind, sonst kann es passieren, dass man Ihnen ein Schnuckenfell aus der Lüneburger Heide in die Kinderkarre oder auf den Autositz legt. Sollte Ihnen ein ganzes Fell gar zu tierisch sein, bliebe da noch die Wolle, natur oder gefärbt, auf jeden Fall handgesponnen. Zu Hause ist dann jede Masche mit schönen Erinnerungen verbunden. Das hat doch was!

Vielerorts laden kleine Geschäfte zum Einkaufsbummel ein

Feste, Events und mehr

Kohl, Lämmer und Krabben sind Anlass zum Feiern

Biikebrennen, Ringreiten, Feuerwehr- und Schützenfeste, das sind die traditionellen Feste der Küstenbewohner. Natürlich sind Gäste willkommen, dennoch: Hier feiern die Einheimischen. Für Feriengäste gibt es zudem in der Saison zahlreiche Vergnügungen. Näheres erfahren Sie in den Touristbüros oder den Lokalzeitungen, die auch über die genauen Termine diverser Veranstaltungen, deren Datum von Jahr zu Jahr schwankt, informieren.

Daneben! – Ringreiten

Feste und Veranstaltungen

21. Februar

★ *Biikebrennen:* Dieser Tag ist der »Nationalfeiertag« der Friesen. Dann werden auf den Inseln und an der Küste die Biiken, Haufen aus Stroh, Holz und Ästen, angezündet, Einheimische und Gäste wärmen sich am Feuer, auch mit hochprozentigen Getränken. Wurden früher so die Walfänger verabschiedet, sagt man heute dem Winter ade.

März

★ *Krokusblütenfest:* Blühen im Schlosspark Millionen Krokusse, wählen die Husumer ihre – möglichst fotogene – Krokuskönigin.

März/April

Ostermärkte und Osterfeste: Für Kinder heißt es dann Eier werfen und Eier rollen – um die Wette über Deich und Wiesen. Veranstaltet werden die Osterfeiern von den Kirchengemeinden.

Mai

Insider Tipp *Ringreitertage:* Volksfeste wie einst die Ritterturniere. Die Reiter müssen im Galopp mit einer Lanze bewaffnet einen Ring abstechen, der vom Galgen hängt.

Der kleinste Ring hat einen Durchmesser von nur 12 mm. Wer sich traut, darf es probieren: Überall im Land werden in diesem Monat die besten Reiter gekürt.

Juni

Nordfriesische Lammtage: den Schäfern und Schafscherern über die Schulter schauen, Lämmer streicheln, Lammspezialitäten probieren und die Lammkönigin küren. Veranstaltungsorte unter *www.lammtage.de* oder *Info-Hotline 01805/06 60 66.*

Juli

Heider Marktfrieden: historisches Schauspiel auf dem Heider Marktplatz, das an die Erteilung des Marktrechts (15. Jh.) und den friedlichen Handel erinnern soll. Alle zwei Jahre – in den geraden Jahren – treiben es die Heider wie vor 500 Jahren: verkleiden sich, essen und trinken wie ihre Vorfahren. Ein Brautpaar gibt sich in historischen Kostümen das Jawort.
Schleswig-Holstein Musikfestival: Bis Ende August Klassik und Jazz in Scheunen und Ställen. Frühzeitig Karten in Tourist-Informationen reservieren!
Kutterregatta in Friedrichskoog: traditionelle Korsofahrt der Kutter, Fischmarkt, Hafengottesdienst, Wahl der Krabbenkönigin.

August

Der Monat der *Hafenfeste.* Bier, Brötchen, Buntes in Büsum und Husum.

September

Dithmarscher Kohltage: Beginn der Kohlernte. Kohlball mit Wahl der »Kohl-Regentinnen«. Spezielle Angebote gibt es in Gaststätten und Restaurants. *Info-Telefon: 0481/97 14 07.*

Insider Tipp *Weberfest* in Meldorf: Treffen vieler Weber aus Deutschland und Skandinavien. Flohmarkt, Festzelt und Handwerkermeile.

Oktober

Krabbentage in Husum und Friedrichskoog: Krabben pulen oder Krabben satt essen. Buntes Programm auch an Bord der Krabbenkutter.

November/Dezember

Weihnachtsmärkte mit Kunst und Kunsthandwerk in allen Orten an der Küste. Einen der schönsten gibt es an jedem Adventssamstag im dänischen Tønder (Tondern).

Kohl satt: Dithmarscher Kohltage

Ganz oben in Nordfriesland

Lieber tot als ein Sklave und mit einem Bein im Königreich

Nordfrieslands »Wappenvogel«: die Silbermöwe

Eneff« nennen die Nordfriesen liebevoll ihren Landstrich im Nordwesten Schleswig-Holsteins. NF, das Kennzeichenkürzel nördlich der Eider, existiert erst seit 1970. Damals mussten sich die Friesen, trotz heftiger Proteste, damit abfinden, dass die Landkreise Südtondern, Husum und Eiderstedt zum Kreis Nordfriesland zusammengelegt wurden.

Die Region »Eneff« wird um 1000 n. Chr. besiedelt. Die ersten Nordfriesen entwässern das Land, bauen Deiche, nutzen den fruchtbaren Boden, bestellen Äcker, züchten Vieh, und sie handeln im Westen mit den Holländern. Den Ostseeraum erschließen sie sich über die Flüsse Eider und Treene. Als Nordfriesland noch einem Flickenteppich im Wasser glich, wohnten die Friesen auf den hohen und somit trockenen Geestinseln Sylt, Föhr und Amrum, oder sie bauten ihre Häuser auf Warften in der Niederung, im Außenland, dem so genannten »Uthlande«.

Von Süden nach Norden teilt sich Nordfriesland geologisch gesehen in Geest und Marsch. Fahren Sie auf der B 5 von Bredstedt nach Niebüll, haben Sie von dem erhöhten Geestrücken eine phantastische Aussicht nach Westen. Unter Ihnen erstreckt sich die Weite der Marsch; bei klarer Sicht funkelt am Horizont das Wasser der Nordsee.

Endlose Getreidefelder unter einem weiten Himmel: Sönke-Nissen-Koog

Ein eigener, störrischer Kopf wird den Nordfriesen nachgesagt. So ist es ihnen nie gelungen, sich politisch zusammenzuschließen. Folglich gibt es keine nordfriesische Hauptstadt, kein Zentrum für Politik oder Kultur. Was nicht heißt, die Friesen hielten nicht zusammen, seien sich einer gemeinsamen Geschichte nicht bewusst. Im Gegenteil. Hier weht in manchen Gärten neben der friesischen Trikolore – gelb, rot, blau – der »Danebrog«, das dänische Rot mit dem weißen

Kreuz, gehisst von Nordfriesen, die sich der dänischen Minderheit zugehörig fühlen.

Schleswig, das Land nördlich der Eider, gehörte im Lauf seiner Geschichte mal zu Dänemark, dann wieder zu Preußen. 1920 hatten die Nordfriesen im deutsch-dänischen Grenzraum die Wahl. Die Teilung des Landesteils Schleswig war die Folge. Nordschleswig gehörte künftig zu Dänemark, Südschleswig zum Deutschen Reich.

Geblieben ist der trotzige Ruf »Leever duad üüs Slaav«. Er stammt aus der Zeit des Widerstands gegen die dänische Krone Mitte des 19. Jhs. »Lieber tot als ein Sklave« bezeugt den Stolz der Friesen auf ihre Unabhängigkeit und wird noch heute in Fahnentücher gewebt oder auf Wappen gemalt.

BREDSTEDT

[113 D1] Seit dem Bau der Umgehungsstraße bleibt diese beschauliche Stadt vom Durchgangsverkehr verschont. Das Herz Bredstedts (5700 Ew.) ist ein hübscher dreieckiger Marktplatz mit dem neugotischen Rathaus und der Alten Apotheke, wo bereits 1611 Pillen gedreht wurden und vor der kleine Granitsäulen stehen – an ihnen band man früher die Pferde fest.

SEHENSWERTES

Insider Tipp

Nordfriisk instituut

Alle die, die Fragen zur friesischen Sprache und Kultur haben – hier bekommen sie profunde Auskunft. *Mo–Fr 8.30–12.30, Do 13.30–16 Uhr, Süderstr. 30, Tel. 04671/60 12-0, www.nordfriiskinstituut.de*

ESSEN & TRINKEN

Andresens Gasthof

★ Die feine Adresse an der B5 in *Bargum* (zwischen Bredstedt und Niebüll). Hier wird in geschmackvollem Ambiente geschlemmt und geschwelgt für entsprechendes Geld. Tisch bestellen! Wer bleiben möchte: Es gibt auch 5 Zimmer. *Mo/Di Ruhetag, Dörpstr. 63, West-Bargum, Tel. 04672/10 98, www.andresensgasthof.de,* €€€

EINKAUFEN

Insider Tipp

Gerberei-Lederhandlung H. G. Gilde

(Schaf-)Felle: große, kleine, weiße, braune, aus eigener Gerberei; nette Beratung. *Mo–Fr 9–12 u. 14–18, Sa 9–12 Uhr, Gerichtsstr. 17*

ÜBERNACHTEN

Thomsens Gasthof

»De oole Kachelstuv« ist ein kleines Hotel mit Biergarten, Kachelstube und Restaurant mit regionaler Küche. *5 Zi., Markt 13, Tel. 04671/911 80, Fax 91 18 32,* €

AM ABEND

Fiedes Krog

Hier gibt es musikalisch: Folk und Friesisches – live! Und lukullisch: Fleisch und Fisch gutbürgerlich mit geduldig gezapftem Pils. *Markt 35, Tel. 04671/23 00, www.fiedes-krog.de,* €–€€

AUSKUNFT

Touristinfo Bredstedt

Markt 37, 25821 Bredstedt, Tel. 04671/58 57, www.bredstedt.de

ZIEL IN DER UMGEBUNG

Arlauschleuse **[113 D2]**
12 km südwestlich von Bredstedt mündet die Arlau in die Nordsee. Sie fahren auf der B 5 Richtung Süden, vor Hattstedt folgen Sie dem Wegweiser »Arlauschleuse«; die Straße schlängelt sich durch den Koog und führt Sie zum Hotel-Restaurant *Arlau-Schleuse* (*43 Zi., Hattstedtermarsch, Tel. 04846/699 00, www.arlau-schleuse.de, €€€*). Von hier aus können Sie rund um den Beltringharder Koog radeln oder mit dem Kanu auf der Arlau paddeln. Zur Stärkung serviert die Küche Aal, Wild oder Lamm (€€).

Insider Tipp

DAGEBÜLL

[110 C5] Dagebüll wird häufig als Parkplatz mit Fähranschluss verspottet. Doch das »Tor zu Inseln und Halligen« will sein Image aufpolieren. Die abgestellten Autos der Inselurlauber, die einst auf den Wiesen beiderseits der Hauptstraße das Dorfbild verschandelten, sind verschwunden – hier sollen in den nächsten Jahren Läden und Restaurants entstehen. Wer nach Amrum oder Föhr übersetzt und sein Auto auf dem Festland lässt, stellt es heute auf einem Großparkplatz (24 Std. 6 Euro/Woche 39 Euro) außerhalb Dagebülls ab und wird mit einem Shuttlebus zum »Fährport« gebracht. Wollen Sie sich in Dagebüll am grünen Strand sonnen, dann folgen Sie im Kreisverkehr am Ortseingang nicht dem »P« für Parkplätze, sondern fahren in den Ort. Hier gibt es einen »Strandparkplatz« (Parkscheibe) für Tagesgäste.

ESSEN & TRINKEN

Fischbrötchenbuden an der Hauptstraße und hinter dem Badedeich. Wer die Brötchen am besten belegt, darüber lässt sich streiten.

To olen Slüüs
Gutes Fischrestaurant im Ortsteil Dagebüll-Kirche. *Tgl., Osterdeich 4, Tel. 04667/373, €–€€*

ÜBERNACHTEN

Pension To olen Slüüs
Sieben behagliche, ruhige Zimmer mit Blick über den Koog. *Oster-*

MARCO POLO Highlights »Nordfrieslands Norden«

★ **Nolde-Museum**
Bilder und Blumen von Ada und Emil (Seite 34)

★ **Charlottenhof**
Kulturveranstaltungen und Kunstmärkte im Stall (Seite 32)

★ **Andresens Gasthof**
Sternerestaurant an der Bundesstraße (Seite 28)

★ **Tønder**
Dänemark: Häuser, Gassen und Geschäfte wie aus dem Bilderbuch (Seite 35)

Von Dagebüll aus werden die Inseln Föhr und Amrum angesteuert

deich 4, Tel. 04667/373, www.pension-dagebüll.de, €

Strandhotel Dagebüll
Mittelklassehotel direkt an der Nordsee, alle Zimmer mit Meerblick. Wellness und Sauna. Im Restaurant gibt's eine herrliche Aussicht auf die Nordsee. *25 Zi., Dagebüll-Hafen, Tel. 04667/212, Fax 496, www.strandhotel-dagebuell.de, €€–€€€*

STRAND

Grüner Strand mit bewachter Badestelle, Strandkorbverleih.

AUSKUNFT

Touristinformation und Zentrale Zimmervermittlung Dagebüll
Am Badedeich 1, 25899 Dagebüll, Tel. 04667/950 00, Fax 455, www.halligland.de

ZIELE IN DER UMGEBUNG

Amrum [110 A5–6]
Wenn Sie um 10 Uhr in Dagebüll mit der Fähre ablegen und zum Abendessen zurück sein möchten, dann bleiben Ihnen fünfeinhalb Stunden Aufenthalt. Zeit genug für einen Spaziergang an Amrums einzigartigem Strand, dem 10 km^2 weiten *Kniepsand* oder für einen Bummel durch das Friesendorf *Nebel* mit der St.-Clemens-Kirche und ihrem Walfängerfriedhof. *Tagesrückfahrkarte Dagebüll–Wittdün 15,60 Euro; die Überfahrt dauert etwa 2 Stunden.*

Föhr [110 A–C 4–5]
Sehnsucht nach Sandstrand? Die Fähre bringt Sie in 45 Minuten rüber nach Föhr; vom Wyker Fährhafen sind es nur wenige Schritte bis zum Strand und zur Promenade von *Wyk* mit Cafés, Restaurants,

Souvenirläden und Strandkorbvermietern. Wer mehr von der »grünen Insel« sehen möchte, sollte mit dem Bus nach *Nieblum* fahren, ein Friesendorf mit Alleen, reetgedeckten Kapitänshäusern und der St.-Johannis-Kirche aus dem 13. Jh. *Die Tagesrückfahrkarte Dagebüll–Wyk kostet 11 Euro.*

Detaillierte Infos zu beiden Inseln finden Sie im MARCO POLO Band »Amrum/Föhr«.

NIEBÜLL

[111 D4] Jährlich rollen hier 1 Mio. Autos auf die Waggons der Deutschen Bahn. Für Syltbesucher ist Niebüll (8100 Ew.) lediglich Verladestation. Wer jedoch im Kreisverkehr am Ortseingang statt dem Abzweiger »Autoverladung« dem Hinweis »Niebülls Museen« folgt, wird in diesem nordfriesischen Luftkurort einiges entdecken.

MUSEEN

Insider Tipp

Friesisches Museum

In einem 200 Jahre alten Friesenhaus wird der Besucher in die »gute, alte Zeit« versetzt. Hier erfährt man alles über nordfriesische Wohnkultur und Lebensweise. *Juni–Sept. tgl. 14–16 Uhr oder n. V., Eintritt 2 Euro, Osterweg 76, Tel. 0175/414 61 85*

Naturkundemuseum Niebüll e.V.

Alles, was an der Nordseeküste kreucht und fleucht, gibt es hier zu sehen und zu hören. *April, Sept., Okt. Di–So, Juni–Aug. tgl. 14–17.30 Uhr, zusätzl. Führungen n. V., Eintritt 2,50 Euro, Hauptstr. 108, Tel. 04661/56 91, www.nkm-niebuell.de*

ESSEN & TRINKEN

Casa Piccoli

Italienische Spezialitäten, serviert in Gasthausatmosphäre. *Tgl., Rathausstr. 16a, Tel. 04661/60 03 33,* €

Galerie Café

Kaffeestunde wie bei Oma auf dem Sofa, 4 km südlich von Niebüll. *Tgl., Dorfstr. 174, Risum-Lindholm, Tel. 04661/33 87,* €

Opera

Gute italienische Küche und raffinierte asiatische Gerichte. *Tgl., Hauptstr. 41, Tel. 04661/60 56 39,* €

Café Storchennest

In dem Friesenhaus werden Kuchen, kleine Gerichte und friesische Getränke serviert. Sonntags Frühstück. *Di Ruhetag, Gotteskoogstr. 32, Tel. 04661/67 50 74,* €–€€

EINKAUFEN

Markt

Am Samstag gibt es auf dem Niebüller *Rathausmarkt* Gemüse aus der Umgebung, Fisch, Geflügel, Wild, Lamm- und Ziegenfleisch und einen Stand mit köstlichen Waffeln.

Spezialitäten-Haus Martensen

Insider Tipp

Delikatessgeschäft mit friesischen Köstlichkeiten: Lammschinken, Schaf- und Ziegenkäse, Teesorten und Hochprozentiges. *Rathausplatz*

ÜBERNACHTEN

Insel Pension

Gepflegtes, liebevoll geführtes kleines Hotel. *9 Zi., Gotteskoogstr. 4, Tel. 04661/21 45, www.inselpension.de,* €€

Niebüller Hof

Das größte Hotel im Ort. Oft nehmen hier Bus- und Gruppenreisende Quartier. *145 Zi., Hauptstr. 15, Tel. 04661/60 80 01, Fax 12 67, www.niebueller-hof.de,* €€

FREIZEIT & SPORT

Insider Tipp **Freibad**

Naturbad in der so genannten Wehle, einem durch einen Deichbruch entstandenen See. Mit DLRG-Aufsicht. *Deichstraße*

Sauna-Café **[111 D3]**

Finnische Sauna, Dampfbad, Solarium: All das gibt es 12 km nördlich von Niebüll im Örtchen Neukirchen, dazu ein nettes, kleines Café. *Damensauna Mo 14–17, Mi 16–22 Uhr; gemischte Sauna Mo/Di 17–22, Fr 16–22 Uhr, Hesbüllerstr. 58-60, Neukirchen, Tel. 04664/13 50*

AM ABEND

Charlottenhof

★ Kultur- und Tagungshaus, 13 km nordwestlich von Niebüll; Theater, Musik, Lesungen, Kunstmärkte. Der historische Vierkanthof ist nur während der Veranstaltungen zu besichtigen. *Osterklanxbüll 4, Klanxbüll, Tel. 04668/921 00, www.dercharlottenhof.de*

Eck's Kino Insider Tipp

Drei Kinos mit Tischlämpchen und Bedienung. Im Sommer wird der Film »Südtondern 1926/27« gezeigt. Zu sehen sind darin Land und Leute in Nordfriesland und die Einweihung des Hindenburgdamms. Lange Zeit war dieser Film verschollen, bis er bei Umbauarbeiten des Kinos wiedergefunden wurde. Die Termine erfahren Sie aus der Tagespresse. *Hauptstr. 37, Tel. Programmansage 04661/40 04 u. 40 05*

Seehunde mögen keinen Stress

Der Mensch kann zum Verhängnis werden

Seehunde sind die tierische Attraktion im Wattenmeer. Tauchen sie auf, ist der Mensch fasziniert, ja gerührt. Der runde Kopf, die dunklen Knopfaugen, solch einen Liebling möchte Mensch schon mal aus der Nähe sehen. Und genau das kann den Tieren zum Verhängnis werden. Die Sandbänke sind die Refugien der Seehunde, hier wollen sie ihre Ruhe haben – besonders im Sommer. In diese Zeit fallen Geburt und Aufzucht der Jungen, Haarwechsel und Paarung. Aufgescheucht – durch Lärm oder von neugierigen Touristen – leiden die Tiere unter Stress, werden dadurch anfälliger gegenüber Infektionskrankheiten. Verwaist ein Jungtier, weil die Mutter gestört wurde oder die Strömung Mutter und Kind getrennt hat, reagiert es nahezu menschlich: Es heult. Entdecken Sie solch einen Heuler, berühren Sie ihn nicht, die Mutter würde ihr Junges nie wieder annehmen. Am besten, Sie informieren die Seehundstation *(Tel. 04854/13 72)* oder die Polizei.

Bauernalltag in der Kooglandschaft: heimwärts vom Deich auf den Hof

AUSKUNFT

Fremdenverkehrsverein Niebüll/ Touristinformation Südtondern

Rathausplatz, 25899 Niebüll, Tel. 04661/94 10 13, www.suedtondern.de

ZIELE IN DER UMGEBUNG

KZ-Gedenkstätte Ladelund [111 F6]

In der Nähe der dänischen Grenze, 15 km nordöstlich von Niebüll, befindet sich die ehemalige Außenstelle des Konzentrationslagers Neuengamme bei Hamburg. Im Winter 1944 starben hier 300 der etwa 2000 Häftlinge. Dokumentiert werden die Ereignisse in der Ausstellung »Konzentrationslager Ladelund 1944«. Führungen erfolgen nach Anmeldung. *Mitte März bis Mitte Dez. Di–Fr 14–17, Sa/So 14–18 Uhr, Mitte Dez.–Mitte März n. V., Raiffeisenstraße, Ladelund, Tel. 04666/449, www.kz-gedenkstaette-ladelund.de*

Møgeltønder [111 D2] Insider Tipp

Etwa 26 km von Niebüll liegt jenseits der dänischen Grenze ein verträumtes Dorf mit der wohl schönsten Dorfstraße Dänemarks – reetgedeckte Backsteinhäuschen, teilweise mit Rosenstöcken davor, säumen die katzenkopfgepflasterte Straße. Møgeltønder ist auch das Mekka der Dänen: Hier, im *Schloss Schackenborg,* wohnen Seine Königliche Hoheit Prinz Joachim samt Gemahlin Prinzessin Alexandra und dem Prinzen Nikolaj. Zwar ist das Schloss für das gemeine Volk gesperrt, doch über mangelnden Besuch und Blicke über Zaun und über Hecken kann das Prinzenpaar wahrlich nicht klagen.

Gegenüber vom Schloss liegt ein hübscher kleiner Park zum Flanieren, und wer in direkter Nachbarschaft der königlichen Familie schlemmen und schlafen möchte, der logiert im *Schackenborgs Slotskro, 12 Zi., Slotsgaden 42, Tel. 0045/74 73 83 83, www.slotskro.com,* €€€

Nolde-Museum **[111 D3]**

★ Wie eine Trutzburg steht das Haus und ehemalige Atelier des Expressionisten Emil Nolde auf einer Warft in der Kooglandschaft, 17 km nördlich von Niebüll. Ausgestellt sind hier insgesamt mehr als 200 Werke: Ölbilder, Aquarelle, Zeichnungen und Grafiken. Hinter dem Haus Ada und Emil Noldes Garten: zur Blütezeit ein Farbenmeer! *März–Nov. tgl. 10–18 Uhr, Eintritt 4 Euro, Neukirchen/Seebüll, www.nolde-museum.de*

Wer von Noldes Landschaft, Bildern und Farben träumen möchte, kann sich im *Gästehaus Café Seebüll* einquartieren. Im Café und in den Bauernhöfen der Noldestiftung *Seebüll Hof* und *Seehof* gibt es zwei Apartments und neun Zimmer (Inside Tipp). Die Zimmer mit allem Komfort sind skandinavisch schlicht eingerichtet; an den weiß getünchten Wänden hängen farbige Noldedrucke, auf dem Nachttisch liegt Emil Noldes Biografie »Mein Leben«. *Dez.–Feb. geschl., Neukirchen/Seebüll, Tel. 04664/264, www.museumscafe-seebuell.de,* €€

Südwesthörn **[110 C4]**

10 km westlich von Niebüll eine Badestelle am Deich. Grüner Strand. Bei Flut die Chance zur Abkühlung. Es gibt ein paar Strandkörbe und eine Fischbrötchenbude.

Sylt **[110 A–B 1–4]**

In Niebüll oder Klanxbüll müssen Sie in den Zug steigen, wenn Sie auf »die Insel« wollen. Fahren Sie mit dem Auto nach Niebüll und wollen hier in den Zug umsteigen, folgen Sie nicht dem Schild »Sylt«, sondern fahren Richtung »Gewer-

Emil Noldes kraftvolle Farben: Blütenpracht im Garten des Nolde-Museums

begebiet Süd« zum Bahnhof; hier gibt es für Syltreisende gebührenpflichtige Parkplätze auf einer Wiese. In Niebüll halten alle Züge Richtung Westerland. Preiswerter als der IC von Niebüll sind sind die Züge der Nord-Ostsee-Bahn (NOB). Sie halten auch in Klanxbüll, der letzten Station auf dem Festland. Hier gibt es in Bahnhofsnähe genügend gebührenpflichtige Parkplätze (an Kleingeld für den Fahrkartenautomaten denken). In den Sommermonaten und an Wochenenden sind die Züge oft überfüllt.

Auf der Insel angekommen führt der schnellste Weg zum Strand durch *Westerlands* Vergnügungs- und Shoppingmeile, die Friedrichstraße. Um vom Bahnhof dorthin zu kommen, müssen Sie lediglich der Karawane der Tagesgäste folgen. Wollen Sie dem Trubel entfliehen, dann steigen Sie am Bahnhof in einen der Busse Richtung *List* (Norden), *Hörnum* (Süden) oder *Keitum* (Osten). Abseits der Badeorte gibt es entlang der Küste tatsächlich einsame Strände; auf Strandkorb und -wache müssen Sie dann jedoch verzichten. Sylt-Ost ist mit seinen Weiden und Feldern der beschauliche Teil der Insel. Wurden die Dörfer rund um Keitum auch »schick« herausgeputzt, auf der Wattseite ist Sylt noch unverbaut und ländlich; eine ideale Landschaft für Wanderungen und Fahrradtouren. (Genaue Infos im MARCO POLO Band »Sylt«.)

Fahrzeiten: Niebüll–Westerland mit dem IC 27 Minuten, mit der Nord-Ostsee-Bahn (NOB) 36 Minuten, Tagesrückfahrkarte 10,50 Euro; Klanxbüll–Westerland mit NOB 25 Minuten, Tagesrückfahrkarte 8,80 Euro

Tetens Gasthof **[111 E3]**

Fahren Sie auf der Bundesstraße 5 Richtung Dänemark, kommen Sie 12 km nördlich von Niebüll durch Süderlügum (1900 Ew.). Im 18. Jh. wurden hier auf dem alten Ochsenweg Tausende von Rindern, Pferden, Schweinen und Schafen durch den Ort getrieben. Schon zu dieser Zeit war *Tetens Gasthof* der Krug der Viehhändler. 1816 abgebrannt, wurde das Wirtshaus noch im selben Jahr wieder aufgebaut.

Im original erhaltenen Ostflügel wird Ihnen unter Balkendecken, zwischen Biedermeiersofas und antiken Schränken Feinstes aus der regionalen Küche serviert. Schlafen können Sie in liebevoll eingerichteten Landhauszimmern. *12 Zi., Hauptstr. 24, Süderlügum, Tel. 04663/185 80, www.landhotel-tetens.de,* €€

Tønder **[111 D–E2]**

★ Bis 1920 war Tondern (13 000 Ew., 20 km nördlich von Niebüll) eine deutsche Kleinstadt und stand in den Jahrhunderten zuvor mal unter dänischer, mal unter deutscher Herrschaft, dann beendete die Volksabstimmung den Streit um das Herzogtum Schleswig. Tondern wurde wieder vereint mit dem dänischen Königreich.

Wer mit dem Auto fährt, passiert die verwaisten Zollhäuschen an der dänischen Grenze. Europa lässt grüßen. Lange waren die Gleise zwischen Niebüll und Tønder verrostet, doch nun fährt er wieder: Der Zug zwischen Niebüll und Tønder verkehrt im Zweistundentakt. Angekommen, werden Sie denken: Ja, das ist Dänemark – auf dem Markt die Pølserbude, in den engen Gassen liebevoll erhaltene, bunte

Ein Abstecher ins dänische Tønder und seine Fußgängerzonen lohnt sich

Häuser, keine Gardinen; gemütlich – auf Dänisch »hyggelig« – geht es hier zu.

Folgen Sie den Parkplatzhinweisen und Fußgängerströmen, erreichen Sie den Marktplatz und die Fußgängerzonen Storegade und Vestergade. Hier können Sie shoppen und dänische Köstlichkeiten probieren. Die roten Pølser gibt es in der Bude auf dem Markt, dänisches Øl (Bier) vom Fass, kleine Speisen und das gemütliche dänische Lebensgefühl im Insider Tipp *Café Victoria (Tgl., Storegade 9, €€)*. Hundert Meter weiter lockt die Auslage des Bäckers Insider Tipp *Vor Bager (Mo–Fr 6.30–18, Sa 6.30–14 Uhr, Vestergade 8)*. Marzipan, Schokolade, Marmelade, Nuss- und Mandelsplitter, dies alles auf und zwischen Blätterteig: »Wienerbrød« heißt die süße Sünde. Sie können sie entweder aus der Tüte oder im Café mit Blick auf die Einkaufsstraße genießen.

Ein besonderes Haus ist die »Alte Apotheke«: Hier gibt es alles, was man nicht braucht, aber aus dem Urlaub gern mitbringt: Kerzen, Seife, Karten, Kunsthandwerk. Und im Keller warten Weihnachtswichtel auf die heilige Nacht. Zwölf Monate im Jahr heißt es hier »Oh, Du fröhliche!« Warum nicht den Weihnachtsbaumschmuck im Sommer kaufen? *Det Gamle Apotek, März–Jan. tgl. 9.30–17.30 Uhr, Østergade 1*

Die Patrizierhäuser in den Fußgängerzonen mit den kunstvollen Portalen zeugen vom Wohlstand der Spitzenhändler im 18. Jh. Sie schufen die schleswigsche Klöppelindustrie.Noch heute lebt die Tradition dieses alten Handwerks. So findet alle drei Jahre ein internationales Klöppelfestival statt, und im Juli werden *Klöppelkurse* für Touristen angeboten *(Auskunft und Anmeldung im Touristbüro, Tel. 0045/74 72 12 20)*. Den Klöpplerinnen bei ihrer filigranen Arbeit zuschauen können Sie im *Drøhses Hus (Storegade 14)*.

Alte Spitzen und Arbeiten der Silberschmiede aus der Zeit von 1750 bis 1825 sind im *Tønder Museum* ausgestellt. Zu den Museumsgebäuden gehören auch das *Sønderjyllands Kunstmuseum* und der Insider Tipp alte *Wasserturm* von 1902. Im Museum werden die verschiedenen Strömungen der nordeuropäischen Kunst des 20. Jhs. gezeigt. Von der obersten, rundum verglasten Etage des Turms hat man eine herrliche Aussicht auf die Stadt und über die Marsch. *Museen in Tønder: Juni–Aug. tgl. 10–17 Uhr, Sept.–Mai Di–So 10–17 Uhr, Kongevej 51, www.sonkunst.dk*

Wollen Sie für eine Weile der Shopping- und Schlemmermeile entfliehen, finden Sie Ruhe rund um die und in der *Christuskirche* zwischen Nørregade und Storegade *(Mo–Sa 10–16 Uhr, Eingang Nordportal)*. Sie wurde 1592 erbaut; den größten Teil des Inventars haben die reichen Vieh- und Klöppelspitzenhändler der Kirche im 17. und 18. Jh. geschenkt. Besonders sehenswert sind die 14 sorgfältig restaurierten Epitaphien (aufrecht stehende, verzierte Grabplatten mit Inschrift).

Waldstübchen Hof Berg **[111 E5]** Insider Tipp
Tatsächlich im Wald, etwa 15 km östlich von Niebüll, liegt dieses gemütliche Café und Restaurant. Kuchen »wie bei Muttern«, dazu eine reichhaltige Speise- und Weinkarte. *An der B 199 zwischen Stadum und Leck Einfahrt in den Wald, Mo Ruhetag, Tel. 04662/26 47,* €€

Dänisch shoppen

Design, Kerzen, Möbel, Tabak in Tondern

Möbel: Wer sich dänisch einrichten möchte, Teak und Leder liebt, für den gibt es viel zu gucken in den Möbelhäusern in der Fußgängerzone: *Møbelhuset 1 (Østergade 29)* und *Møbelhuset 2 (Vestergade 39)*. Das größte dänische Einrichtungshaus heißt *Indbo*. 1 km nördlich von Tondern können Sie auf 12 000 m^2 Probe liegen und sitzen *(Ribelandvej, Industrie Nord)*. Alle diese Möbelhäuser haben Mo–Fr 9.30–17.30 Uhr und in den Sommermonaten auch Sa und So geöffnet.

Design: Kristall, Silber, Kerzen, Besteck, Porzellan in skandinavischen Formen und Farben bekommen Sie bei *Inspiration (Storegade 18, Mo–Fr 9–17.30, Sa 9–12 Uhr)*.

Konfekt, Kaffee und Tabak: Nur mal die Nase reinhalten. Bei *Johannes Petersen (Storegade 12)* duftet es außer nach frisch gemahlenem Kaffee auch noch nach Lakritze, Schokolade und Tabak. Zum Süchtigwerden! *Mo–Fr 9–17.30, Sa 9–13 Uhr*

21

Krabbenbrötchen und Krokusblüten

Über Nacht wurde Husum zur Stadt am Meer. Mal ist sie grau, mal bunt

Windräder und Getreidesilos bilden Husums Skyline. Aus der Ferne ist die zweitgrößte Stadt an der Westküste keine lockende Schönheit. Wer trotzdem die B 5 verlässt, wird verzaubert werden von der historischen Altstadt mit kopfsteingepflasterten Gassen, dem Markt und den liebevoll restaurierten Giebelhäusern aus dem 16. Jh.

Dass die Stadt zur Küstenmetropole wurde, haben die Husumer letztendlich einer Katastrophe zu verdanken. Bis ins frühe Mittelalter war Husenbro, »Brücke bei den Häusern«, ein bedeutungsloses Dorf irgendwo im Binnenland. Gewissermaßen über Nacht begann Husums Aufstieg zur Stadt am Meer. Es geschah im Januar 1362: Wind und Wellen wüten, eine Jahrhundertsturmflut, die »große Mandränke«, verschlingt weite Teile der Küste. Der »Blanke Hans« beschert Husum einen für Schiffe befahrbaren Zugang zur Nordsee. Das Dorf wird zum Umschlagplatz für Seefahrer und Küstenfischer.

»Am grauen Strand, am grauen Meer und seitab liegt die Stadt ...«

Viele Husumer Häuser aus dem 16. und 17. Jh. schmücken sich mit kunstvollen Türen

Die bequeme Variante: Touren im Watt mit dem Pferdewagen

Wer durch Husum schlendert, folgt zwangsläufig den Spuren Theodor Storms. Der Dichter ist in Husum unübersehbar: das Geburtshaus, das Wohnhaus, sein Grab. Und die Husumer schmücken sich reichlich mit dem Sohn ihrer Stadt. Storm als Markenzeichen, Storm als Souvenir, Storm ist überall. Nun, schließlich war er es, der Husum zwar als »graue Stadt am Meer« beschrieb, sie aber damit weltbekannt machte.

Die grauen Husumer Hauswände sind heute zwar bunt oder aus Backstein, doch ein Grau ist geblieben: Immer wenn über der Skyline die Wolken tief hängen und draußen die Nordsee tobt, kann man die graue Stimmung erleben, die Theodor Storm in seinen Novellen, Geschichten und Gedichten so eindrucksvoll beschrieben hat.

Eine Reihe sehenswerter Giebelhäuser umringt Husums Binnenhafen

HUSUM

Karte in der hinteren Umschlagklappe

[113 D–E3] Der Binnenhafen mit den Krabbenkuttern, Restaurants, Cafés und Fischbrötchenbuden ist Ziel aller Husumbesucher. Die Folge: Im Sommer und an Wochenenden geht hier nichts mehr. Einen Parkplatz am Hafen finden? Vergessen Sie es! Husum (22 000 Ew.) lässt sich eh nicht durch die Windschutzscheibe besichtigen, da die heimelige Innenstadt zu großen Teilen Fußgängerzone ist. Besser Sie folgen dem Parkleitsystem, zahlen die Parkgebühr und gehen wenige Schritte zu Fuß ins Zentrum.

SEHENSWERTES

Hafen **[U A–B3]**
Husum hat zwei Häfen: den Binnenhafen im Herzen der Stadt und den Außenhafen im Westen. Der Binnenhafen ist mit den alten Kaufmannshäusern, der alten Schiffswerft und der historischen Slipanlage der älteste Teil der Hafenanlage. Im 16. Jh. pulsierte hier das Leben. Vorwiegend holländische Händler schlugen ihre Waren um, entschieden sich für den kurzen Landweg nach Flensburg und damit zur Ostsee, war dieser doch weniger gefährlich als der Seeweg um die Nordspitze Jütlands. Im Westen, jenseits der Eisenbahnzugbrücke, beginnt der Außenhafen. Hier werden die »Husumer Krabben« und Nordseefische angelandet. Die Husumer Schiffswerft setzt seit Jahren, angesichts der Flaute im Schiffbau, auf die Entwicklung und Fertigung von Windkraftanlagen.

Marienkirche **[U B2]**
Die klassizistische Kirche wurde zwischen 1829 und 1832 von dem dänischen Staatsbaumeister Christian Friedrich Hansen (1756–1845) gebaut. Husums erster Kirchenbau,

die gotische Marienkirche, 1431 errichtet, soll die schönere gewesen sein, musste aber wegen Baufälligkeit 1807 abgerissen werden. Ein Teil der Kunstschätze ist in der neuen St.-Marien-Kirche erhalten. Sehenswert sind die Taufe aus Messingguss (1643) und die restaurierte Kanzelwand. *So–Fr 10–18 Uhr, Eingang Nordportal*

Markt **[U B2]**

Hier und in der Großstraße zeugen die Fassaden aus dem 16. und 17. Jh. von der einstigen wirtschaftlichen Blüte Husums. An der Nordseite steht das alte Rathaus, erbaut 1601; das Nachbarhaus (Nr. 1–3) ist eines der ältesten Häuser Husums. Urkundlich erstmals 1520 erwähnt, wurden hier Münzen geprägt. Das Haus Nr. 10, das heute die Apotheke beherbergt, wurde 1656 errichtet. Gegenüber der Marienkirche, am Markt Nr. 9, erblickte Theodor Storm 1817 das Licht der Welt. Oft verändert, sind nur die vier Fenster im oberen Stockwerk und das Dach vom Geburtshaus des Dichters original erhalten geblieben.

Schloss vor Husum **[U B2]**

Das im Stil der niederländischen Renaissance erbaute Schloss ist der einzig erhaltene Palast an der Westküste Schleswig-Holsteins. Der Gottorfer Herzog Adolf baute es sich 1577–82 als Nebenresidenz; nach seinem Tod wurde das Schloss zum Witwensitz seiner Gattin. 1752 grundlegend zu einem Barockschloss renoviert, blieb vom Original nur wenig übrig. Lediglich die sechs Sandsteinkamine aus dem 17. Jh. haben alle Umbauten überlebt. Heutzutage finden im Rittersaal des Schlosses Konzerte statt. *April–Okt. Di–So 11–17 Uhr, Eintritt 2,50 Euro*

Schlosspark **[U B1–2]**

Im Schlosspark locken im März Millionen Krokusse Tausende Touristen an. Dann ist die Schlosswiese von einem satten Violett überzogen. Wer hier einst die Blumenzwiebeln steckte, ist bis heute nicht bekannt.

Tine-Brunnen **[U B2]**

»Tine«, die Fischersfrau in Holzschuhen, die vom Markt Richtung

MARCO POLO Highlights »Husum und Husumer Bucht«

★ **Theodor-Storm-Haus**
Im Poetenstübchen des Poppenspälerdichters (Seite 43)

★ **NordseeMuseum Husum**
Wissenswertes über das Leben der Menschen am Meer (Seite 42)

★ **Husums Stadtschlachter**
Lecker: Salami, Schinken und Sülze vom Lamm (Seite 45)

★ **Schifffahrtsmuseum Nordfriesland**
Ein Wrack aus dem 16. Jh., konserviert in Zuckerwasser (Seite 43)

Die Krokusblüte im Schlosspark: Hunderte Blüten pro Quadratmeter

Nordsee guckt, stellt Catharina Asmussen dar; gemeinsam mit ihrem Bruder August Friedrich Woldsen hat sie der Stadt ihr Vermögen vermacht. Der *Asmussen-Woldsen-Brunnen,* so sein offizieller Name, erinnert an das Geschwisterpaar. Er ist ein Werk des Husumer Bildhauers Adolf Brütt (1855–1939) aus dem Jahr 1902.

Torhaus **[U B2]**
Das Torhaus, jenseits des Wassergrabens, lässt ahnen, wie prächtig das Schloss einst gewesen sein muss. 1612 erbaut, hat das Renaissanceportal sämtliche bauwütigen Schlossherren unbeschadet überstanden.

Wasserturm **[U B1]**
Der Turm, erbaut 1899–1902, versorgte die Husumer einst mit Trinkwasser. Seit 1960 ist er »trocken«. Seit 1983 in privater Hand, beherbergt er heute eine Werbeagentur. Von oben haben Sie einen wunderbaren Blick über die Stadt. *Mo–Fr 8.30–17 Uhr, Marktstr. 2*

MUSEEN

Freilichtmuseum Ostenfelder Bauernhaus **[U A2]**
Aus der Zeit um 1600 stammt das »Niederdeutsche Fachhallenhaus«. Diele, Stall und Stube sind komplett eingerichtet und dokumentieren Alltag und Arbeit der Bauern. *April–Okt. Di–Do 13.30–17 Uhr, Eintritt 1,50 Euro, Nordhusumer Str. 13*

NordseeMuseum Husum **[U B3]**
★ Im größten Museum an der Nordseeküste, beherbergt im *Ludwig-Nissen-Haus,* erfährt man alles über Deichbau und Sturmfluten, über den Kampf gegen den »Blanken Hans«. Zu verdanken haben die Husumer diese Sammlung Ludwig Nissen. Geboren 1855, wan-

derte er nach Amerika aus, wo er vom Tellerwäscher zum wohlhabenden Diamantenhändler wurde. Er starb 1924 und vermachte sein Vermögen seiner Geburtsstadt Husum. *April–Okt tgl. 10–17, Nov. bis März Di–Fr, So 10–16 Uhr, Herzog-Adolf-Str. 25, Tel. 04841/25 45*

Poppenspäler-Museum [U B2]
Pole Poppenspäler ist eine der bekanntesten Figuren in der gleichnamigen Novelle von Theodor Storm. In dem Museum guckt man in die Augen von 500 Puppen: Zauberern, Wichteln, Marionetten. Kinder dürfen hier spielen und basteln. *So–Fr 14–17 Uhr, Eintritt 2 Euro, Erichsenweg 23*

Schifffahrtsmuseum Nordfriesland [U C2]
★ Nordfriesische Schifffahrts- und Fischereigeschichte. Zu sehen gibt es Schiffsmodelle der nordfriesischen Seefahrer. Attraktion ist das »Uevelsbüller Wrack«, der archäologische Fund eines so genannten Friesland-Schiffs aus dem 16. Jh., konserviert in Zuckerwasser! *Tgl. 10–17 Uhr, Eintritt 2, 60 Euro, Am Zingel 15, www.schiffahrtsmuseum-nf.de*

Tabak- und Kindermuseum [U B3] Insider Tipp
Keine Sorge, hier werden Kinder nicht zum Rauchen verführt. Unter einem Dach gibt es für die Großen alles rund um den Tabak; für die Kleinen Omas und Opas Spielzeug. *Tgl. 9.30–12.30 u. 15.30–17 Uhr, Eintritt 2 Euro, Wasserreihe 52*

Theodor-Storm-Haus [U B3]
★ Hier wohnte Storm von 1866 bis 1880. Das Husumer Kaufmannshaus ist eingerichtet mit Möbeln und Bildern aus dem Nachlass des Dichters. Im original erhaltenen »Poetenstübchen« hat Storm 20 Novellen (u. a. »Pole Poppenspäler«) zu Papier gebracht. Auch der

Das »Poetenstübchen«: Theodor Storms Arbeitszimmer

kleine Garten ist zugänglich. *April bis Okt. Di–Fr 10–12 u. 14–17, Sa bis Mo 14–17 Uhr, Nov.–März Di/Do/ Sa 14–17 Uhr, Eintritt 2,50 Euro, Wasserreihe 31*

ESSEN & TRINKEN

Eucken [U C2]
Die feinste Adresse in Husum. Gourmetrestaurant mit Spitzenküche. *Mo u. Di Ruhetag, im Gewölbe des Hotels »Altes Gymnasium«, Süderstr. 6, Tel. 04841/83 30, www.altes-gymnasium.de, €€€*

Ewalds [U B3]
Fischrestaurant unmittelbar am Wasser mit Blick auf den Hafen. Zusätzlich zur normalen Küche gibt's hier Fischbrötchen täglich schon ab 7 Uhr. *Tgl., Hafenstr. 1, Tel. 04841/ 83 97 70, €€– €€€*

Friesenkrog [U B3]
Traditionsrestaurant mit Fisch-, Krabben- und Lammgerichten in gemütlicher Atmosphäre. *Im Winter Mi Ruhetag, Kleikuhle 6, Tel. 04841/811 59, €€*

Jacqueline's Café [U B2]
Frühstück, kleine Gerichte und köstlicher Kuchen. *Tgl., Schlossgang 12, Tel. 04841/55 53, €*

Storm-Café [U B2]
Ältere Damen behalten hier den Hut auf. Schöner Blick auf den Markt. *Tgl., Markt 11, Tel. 04841/ 56 30, €*

Tine Café [U B3]
Unten Bäckerei mit Stehcafé, im ersten Stock Kaffee, Tee und Kuchen mit interessantem Blick auf den Binnenhafen. *Tgl., Schiffbrücke, Tel. 04841/659 30, €*

EINKAUFEN

C. F. Delff [U B2] Insider Tipp
Romane, Sagen, Märchen, Bildbände, Landkarten – alles zum Thema

Viele Straßen Husums sind Fußgängerzonen

Nordsee gibt es in dieser Buchhandlung. *Krämerstr. 8*

Husums Stadtschlachter [U B2]
★ Nordfriesische Köstlichkeiten wie Sauerfleisch in dekorativen Gläsern, Geräuchertes vom Lamm und Mettwürste gibt's bei Claußen, dem Stadtschlachter, und alles wird Ihnen auch als Souvenir nett verpackt. *Markt 20, www.nordfriesische-spezialitäten.de*

Markt [U B2]
Fisch, Fleisch, Obst, Gemüse, dies & das gibt es jeden Donnerstagmorgen bis zum Mittag auf dem Marktplatz. *Markt*

ÜBERNACHTEN

Romantik Hotel Altes Gymnasium [U C2]
1867 als Schule gebaut. Heute ein wirklich schönes Luxushotel mitten in der Stadt. In der einstigen Turnhalle befindet sich heute der Bade- und Fitnessbereich. Zwei Restaurants. *72 Zi. u. Suiten, Süderstr. 6, Tel. 04841/83 30, Fax 833 12, www.altes-gymnasium.de,* €€€

Hotel Hinrichsen [U C2]
Hotel garni, 200 m vom Hafen. *49 Zi., auch Apartments und Ferienwohnungen, Süderstr. 35, Tel. 04841/890 70, www.hotel-hinrichsen.de,* €€

Hotel Lundenbergsand [113 D3]
Etwa 7 km südöstlich von Husum hinter dem Seedeich. Reetgedecktes Haus mit guter Küche, ganz in der Nähe vom berühmten Roten Haubarg. *19 Zi., Simonsberg, Tel. 04841/839 30, www.hotel-lundenbergsand.de,* €€

FREIZEIT & SPORT

Husum Bad [U D1]
Spaß- und Erlebnisbad mit 60-m-Rutsche, einem Kleinkinderbereich und einer Sauna. *Mo–Fr 14–22, Sa 8–17, So 8–18 Uhr, Flensburger Chaussee 28*

Radwandern [U D2]
Der *Radsportverein Husum e. V.* veranstaltet im Sommer an jedem Dienstag und Mittwoch 2–2,5 Stunden dauernde Radtouren für Genussradler. Treffpunkt ist die *Gaststätte Friedrichsberg (Di 15 Uhr, Mi 18 Uhr, Flensburger Chaussee 2).*

Radwanderungen mit Erläuterungen zur Geschichte, Kultur und Natur der Gegend bietet *Norbert Mähl* an, *Olandweg 1, Tel. 04841/50 60.*

Rundflüge [113 E3]
Husum aus der Luft erleben in vier- oder zweisitzigen Sportflugzeugen. Je nach Flugzeugtyp kostet die Flugstunde 120–180 Euro oder die Minute in der Luft 2–3 Euro. *Sportfluggruppe Husum e. V., Flugplatz Schwesing (3 km östlich), Tel. 04841/731 93*

Stadtführungen [U B2]
Es werden Führungen in Deutsch, Plattdeutsch und Englisch angeboten: Stadtführungen, Stormführungen, Kirchenführungen, naturkundliche Führungen durch das Umland. *März–Okt. regelmäßige Stadtführungen Mo–Sa 14.30 Uhr. Während der Wintersaison auf Anfrage. Dauer: 2 Std., 3 Euro. Treffpunkt und Informationen: Touristinformation/Historisches Rathaus, Großstr. 27, Tel. 04841/898 70*

Theodor Storm

Ein Advokat aus Husum

Bereits als Schüler schreibt Theodor (geb. 14. Sept. 1817 in Husum) sein erstes Gedicht. Als 25-Jähriger, nach dem juristischen Examen und der dänischen Sprache mächtig, wird er Anwalt in seiner Heimatstadt. Als 1848 dänische Truppen Schleswig-Holstein besetzen, protestiert Storm mit Gedichten und der Novelle »Immensee« gegen die Politik des dänischen Königs. Die Folge: Storm verliert seine Anwaltslizenz und flieht 1852 mit seiner Familie ins Exil nach Preußen, wo er als Richter arbeitet. Erst nach zwölf Jahren kehrt er zurück und übernimmt in Husum das Amt des Landvogts. 1885 stirbt seine Frau Constanze und hinterlässt ihm sechs Kinder; ein Jahr später heiratet Storm wieder – eine Jugendliebe. Die folgenden Jahre werden seine produktivsten: Er schreibt 20 Novellen, unter anderem »Pole Poppenspäler«. 62 Jahre alt, zieht Storm in seine »Altersvilla« nach Hademarschen. Kurz vor seinem Tod (4. Juli 1888) verfasst er hier die Novelle »Der Schimmelreiter«.

Wattwandern
Wattwanderungen zu den Halligen Nordstrandischmoor **[112 C2]** und Südfall **[112 B3]** sowie Watterkundungen auf dem Lundenbergsand: *Willy Hansen, Tel. 04841/44 15, Anne Segebade, Tel. 04841/721 54, Karl-Heinz thor Straten, Tel. 04846/259*

AM ABEND

Brauhaus **[U B2]**
Bierkneipe mit hausgebrautem Bier, das man bei Sonne im Garten trinken kann. *Mai–Okt. tgl. ab 15 Uhr, Nov.–April Mo–Sa ab 17 Uhr, Neustadt 60–68, Tel. 04841/896 60*

Historischer Braukeller **[U B2]**
Der Treff in Husum. Im Gewölbekeller gibt es über 30 Pizzavariationen, Pfannkuchen und natürlich Bier. *Mo–Fr 12–15 u. 17–23, Sa/So 12–23.20 Uhr, Schlossgang 7, Tel. 04841/49 66*

Speicher **[U B3]**
Das Kulturzentrum der Stadt: Theater, Ausstellungen, Flohmärkte. Aktuelles Programm telefonisch. *Hafenstr. 17, Tel. 04841/650 00*

AUSKUNFT

Touristinformation im alten Rathaus **[U B2]**
Großstr. 27, 25831 Husum, Tel. 04841/898 70, www.husum.de

ZIEL IN DER UMGEBUNG

Hattstedter Marsch **[113 D2]**
Hier, 4 km nördlich von Husum, ist das »Schimmelreiterland«. Theodor Storm, so nimmt man an, soll diese Landschaft für seine berühmte Novelle vor Augen gehabt haben. Wer

in der Hattstedter Marsch Hauke Haiens Spuren und Storms Motive sucht, sollte in Wobbenbüll im *Schimmelreiterkrug* einkehren. 1934 wurde hier die Geschichte um Hauke Haien verfilmt. Bilder und Dokumente schmücken die Gaststube. Die Speisekarte beschränkt sich auf Brote mit Wurst, Käse oder Schinken *(tgl., Wobbenbüll, Tel. 04846/821, €).*

Nicht zu übersehen in der Hattstedter Marsch ist die lang gestreckte *Hattstedter Kirche* vom Beginn des 13. Jhs. Der Turm vom Ende des 15. Jhs. war früher Seezeichen; im Inneren sind der geschnitzte Altar (15. Jh.) und die Kanzel (17. Jh.) sehenswert.

NORDSTRAND

[112–113 C–D 2–3] Auf der Landkarte sieht sie aus wie eine Halbinsel, ist doch links und rechts des 4 km langen Autodamms, der 1935 gebaut wurde, viel Koogland entstanden. Trotzdem: Nordstrand (2500 Ew.) ist eine Insel; ein Rest der einstigen Insel Strand, die von den schweren Sturmfluten 1362 und 1634 zerrissen wurde. Heute ist die Insel rundum von einem Seedeich umgeben und hat somit, bis auf künstlich aufgeschütteten Sand, grünen Strand. Auf Nordstrand, seit 1991 Seeheilbad, Ferien verbringen heißt Spazierengehen, Fahrradfahren, Wattwandern. Touristentrubel kennt Nordstrand nicht, auch wenn vom kleinen Hafen *Strucklahnungshörn* die Fähre nach Pellworm ablegt und Ausflugsdampfer unter anderem zur Hallig Hooge und zu den Seehundbänken fahren. (Genaue Informationen im MARCO POLO Band »Amrum/Föhr«.)

ESSEN & TRINKEN

Mühlencafé »Glück zu«

In der hübsch restaurierten Engel-Mühle, erbaut 1888, gibt es süße

Gras statt Sand: Auf Nordstrand stehen die Strandkörbe auf grünem Rasen

und herzhafte friesische Köstlichkeiten. *Mo Ruhetag, Süderhafen 15, Tel. 04842/214, www.engelmuehle.de, €€*

Insider Tipp **Pharisäer-Hof**
Friesisch gemütliches Café. 1872 wurde hier, so wird behauptet, der erste Pharisäer getrunken. Schöne Terrasse. *Mo Ruhetag, Elisabeth-Sophien-Koog, Tel. 04842/353, €*

EINKAUFEN

Insider Tipp **Galerie »Lat di Tied«**
Im ersten Stock dieser entzückenden Galerie mit Bildern, Schmuck und mehr befindet sich ein kleines Heimatmuseum. *Tgl. 9–18 Uhr, Süden 33*

Nordstrander Töpferei
Seit 20 Jahren dreht sich hier die Scheibe und brennen Öfen die friesische blau-graue Glasur. *Tgl. 9–18 Uhr, Süden 44*

ÜBERNACHTEN

Hotel Am Heverstrom
Moderne Zimmer am Süderhafen. Am Tag Kaffee und Kuchen, abends nettes Restaurant. *11 Zi., Heverweg 14, Tel. 04842/80 00, Fax 72 73, www.am-heverstrom.de, €€*

FREIZEIT & SPORT

Wattwandern
Wanderungen und Touren mit dem Pferdewagen unter anderem zur Hallig Südfall *(Anmeldung bei Familie Andresen tgl. 8–12 Uhr, Tel. 04842/300)*.

Wattführer: *Regine Brauer, Tel. 04842/83 60; Thomas Kluge, Tel. 04842/90 30 93*

AUSKUNFT

Kurverwaltung
Schulweg 4, 25845 Nordstrand, Tel. 04842/454, Fax 81 02, www.nordstrand.de

ZIEL IN DER UMGEBUNG

Nordstrandischmoor **[112 C2]**
Ein Überbleibsel der großen Sturmflut vom 11. Oktober 1634, der so genannten Buchardiflut. Die 180 ha große Hallig, auch Lüttmoor genannt, ist durch einen Schienendamm mit dem Festland verbunden. Die Loren sind aber kein öffentliches Verkehrsmittel; sie bringen den Halligbewohnern auf Nordstrandischmoor alles Lebensnotwendige. Für Besucher werden in den Sommermonaten Schiffsausflüge und kombinierte Rad- und Wattwanderungen zur Hallig organisiert *(Informationen: Kurverwaltung Nordstrand)*. Wer bleiben will, kann auf einer der Warften ein Privatzimmer mieten; Gäste werden auch mit der Lore abgeholt. Sehenswert ist der *Friedhof*. Hier liegen sämtliche Grabsteine flach in der Erde, damit sie von den Fluten nicht umgerissen werden – immerhin meldet Nordstrandischmoor etwa 50-mal im Jahr »Land unter«.

SCHOBÜLL

[113 D2] Über Schobüll (1700 Ew.) führt die Hauptzufahrt nach Nordstrand. Der kleine Ort hat seine Attraktivität den Naturgewalten zu verdanken. In der letzten Eiszeit schob sich hier ein Geesthügel bis unmittelbar ans Meer. Auf dieser Erhebung gelegen, braucht Scho-

Ein Kleinod der Backsteingotik: das »Kirchlein am Meer« in Schobüll

büll als einziger Ort an der deutschen Nordseeküste keinen Deich. Wer hier wohnt, hat einen freien Blick auf die Nordsee.

SEHENSWERTES

Insider Tipp **Kirchlein am Meer**
Über dem Ort thront die kostbar ausgestattete frühgotische Backsteinkirche aus dem 13. Jh. Sie ist eine beliebte Hochzeitskirche und bekannt für klassische Konzerte. Sehenswert im Inneren der Kirche sind die geschnitzte Barockkanzel und eine Kreuzgruppe aus dem 13. Jh., außerdem der Altar und die Taufe aus dem 15. Jh.

ESSEN & TRINKEN

Zum Krug
Regionale, gute Küche im zwischen Schobüll und Husum liegenden Ortsteil Hockensbüll in einem wunderschönen Reetdachhaus aus dem Jahr 1707; schon Theodor Storm soll hier getafelt haben. Tischreservierung erforderlich. *Mo u. Di Ruhetag, Hockensbüll, Alte Landstr. 2a, Tel. 04841/615 80, www.zumkrug.de,* €€

EINKAUFEN

Galerie Lüth
Aktuelle Gemälde und Skulpturen bekannter und weniger bekannter Künstler werden ausgestellt. *Mi–So 10–18 Uhr, Altendorfer Str. 21*

AUSKUNFT

Touristinformation Schobüll
Husumer Bucht e. V., Großstr. 27, 25813 Husum, Tel. 04841/898 70, Fax 89 87 90, tourist@husum.de, www.schobuell.de

NEPTUN
TYC
Tönning

Die Nase im Wind

An der Spitze der Halbinsel Eiderstedt liegt die Sandkiste der Küste

Ihre Nasenspitze lockt. Im Profil der Nordseeküste heißt die »Nase« Eiderstedt und bietet an ihrer westlichen Spitze, was es an der Festlandküste sonst nur selten gibt: 12 km Strand aus feinstem Sand. Eilige Badegäste fahren hinter Heide, am Ende der A 23, entweder über Tönning oder queren die Eider am Eidersperrwerk, lassen grüne Wiesen und beschauliche Dörfer hinter sich, um möglichst schnell zur Spitze zu kommen. Heute kein Problem, denn Eiderstedt ist im Lauf der Jahrhunderte mit dem Festland zusammengewachsen.

Um das Jahr 1000 gibt es Eiderstedt noch nicht; die Landschaft ist von Wasserläufen zerrissen. Die ersten Bewohner lassen sich auf den Inseln Everschop, Eiderstedt und Utholm nieder, deichen ihr Land ein, und im Lauf der Zeit verschmelzen die drei Inseln zu einer namens Dreilande. Diese war aber immer noch getrennt vom Festland. Erst den Niederländern, die im 17. Jh. an die Westküste kamen, gelang es, den Wasserlauf zwischen Dreilande und dem Festland trockenzulegen. Im 18. Jh. setzte sich für die Halbinsel der Name Eiderstedt durch.

Der beschauliche Hafen von Tönning – im Hintergrund das historische Skipperhuset

Schafe gehören zum Reichtum des Landes um die Eider

Wer es nicht eilig hat und die Hauptstraße verlässt, bekommt eine Ahnung von dem einstigen Reichtum der Bauern. Zeitzeugen sind die 19 Kirchen, in denen es kostbare Kunstwerke zu entdecken gibt, und die stattlichen Bauernhäuser, die Haubarge. Sie erzählen von der wirtschaftlichen Blütezeit Eiderstedts. So wurden im 17. Jh. alljährlich im Tönninger Hafen bis zu 3 Mio. Pfund Käse und zig Tonnen Getreide umgeschlagen. Doch diese Zeiten sind lange vorbei.

Züchten die Eiderstedter Bauern auch heute noch Rinder und Schafe, ernten Raps und Weizen – das meiste Geld wird mit der Nasenspitze verdient.

Wie in Holland: von Trauerweiden gesäumte Grachten in Friedrichstadt

FRIEDRICHSTADT

[113 E4] ★ Am Kirchturm sollten Sie sich nicht orientieren, wenn Sie das Zentrum Friedrichstadts (2600 Ew.) suchen. Zwar liegt der Markt inmitten der Stadt, aber eine Kirche fehlt hier. Im 17. Jh. träumte der Gottorfer Herzog Friedrich III. (1616–59) von einer Handels- und Hafenstadt zwischen Eider und Treene. Er lockte Niederländer, die auf Grund ihres Glaubens fliehen mussten, an die Treene, versprach ihnen freie Religionsausübung, Abgabenerlass und andere Privilegien. Anhänger unterschiedlichster Religionen folgten dem Ruf des Herzogs: Mennoniten, Quäker, Sozianer, Juden, Lutheraner und Katholiken. Alle bekamen die gleichen Rechte, sodass keiner Kirche eine bevorzugte Lage eingeräumt wurde. Die Niederländer bauten sich ihre Stadt, mit Grachten und rechtwinkligen Straßenzügen; die Kirchen erhielten ihre Plätze zwischen den Bürgerhäusern. Zwar wurden die Träume des Herzogs nicht annähernd verwirklicht, doch ist ihm die so genannte »Holländerstadt«, in der es heute noch vier Glaubensrichtungen und zwei Kirchtürme gibt, zu verdanken.

SEHENSWERTES

Der Markt

Die Treppengiebel der Häuserreihe (16–24) an der Westseite des Markts lassen ahnen, wie »holländisch« Friedrichstadt einst war. In der Mitte des Markts steht ein Brunnenhäuschen, verziert mit Versen über das Wasser, gereimt von dem Heimatdichter Klaus Groth (1819–99).

MUSEUM

Alte Münze

In diesem original erhaltenen niederländischen Renaissancehaus

(1626) wurden nie Münzen geprägt, sondern es diente dem Statthalter als Amtssitz. Heute ist die Alte Münze das Historische Museum. Im Garten findet sich der alte Mennonitenfriedhof. *Mai–Sept. Di–So 11–17, Okt.–April Di–Fr 15–17, Sa/So 13–17 Uhr, Eintritt 1,50 Euro, Am Mittelburgwall 23*

ESSEN & TRINKEN

Holländische Stube
Gut essen oder Kaffee trinken mit Grachtenblick. *Tgl., Am Mittelburgwall 22, Tel. 04881/939 00, www.hollaendischestube.de, €€*

EINKAUFEN

Insider Tipp **Fischstube-Räucherei**
Fisch aus eigener Räucherei, auch Versand. *Di–Sa 9–18, So 10–18 Uhr, Prinzenstr. 16, Tel. 04881/16 58*

ÜBERNACHTEN

Aquarium
Vier-Sterne-Hotel mit Schwimmbad und Sauna. *38 Zi., Am Mittelburgwall 4–8, Tel. 04881/930 50, www.hotel-aquarium.de, €€€*

Heuherberge
Hier werden die »Betten« mit der Gabel gemacht. Sie schlafen im Schlafsack in Heuboxen. Frühstück gibt es auch. Schlafsack ist mitzubringen. *40 Schlafplätze, April bis Okt., Mildterhof/Gemeinde Seeth, Friedrichstadt (ca. 5 km östlich), Tel. 04881/78 16, www.mildterhof.de*

Holländische Stube
Hotel in einem alten Kaufmannshaus. Liebevoll eingerichtet. *10 Zi., Mittelburgwall 22-26, Tel. 04881/939 00, www.hollaendischestube.de, €€–€€€*

FREIZEIT & SPORT

Grachten-, Treene-, Eiderfahrten
Günther Schröder, Am Markt 17, Tel. 04881/73 65, www.grachtenschiffahrt.de, Fahrt 5,50–8 Euro

AUSKUNFT

Tourist-Information Friedrichstadt
Am Markt 9, 25840 Friedrichstadt, Tel. 04881/194 33, Fax 93 93 93, www.friedrichstadt.de

MARCO POLO Highlights »Eiderstedt«

★ **Westerhever Leuchtturm**
Hier oben sagen Paare ja (Seite 57)

★ **Roter Haubarg**
Museum und Gaststätte unter dem riesigen Reetdach (Seite 60)

★ **Friedrichstadt**
Ein Hauch von Holland: Grachten und Giebelhäuser (Seite 52)

★ **Multimar Wattforum**
Über Wasser unter Wasser gucken (Seite 59)

GARDING

[112 C4] In Garding (2700 Ew.), genau auf halber Strecke zwischen Tönning und St. Peter-Ording, führen alle Wege zum Marktplatz. Hier bieten seit über 400 Jahren jeden Dienstag Händler ihre Waren an. Im Zentrum des Treibens, auf dem höchsten Fleck Erde der Stadt, steht die St.-Christians-Kirche. Ihr massiver Turm, alle Giebel überragend, wirkt, als wolle er die kleinen Häuser rund um das Kirchenschiff behüten. 1590 erhielt Garding, mit Käse zu Reichtum gekommen, zusammen mit Tönning das Stadtrecht.

SEHENSWERTES

St.-Christians-Kirche
Die im 12. Jh. errichtete Kirche wurde im 15. Jh. umgebaut zu einer zweischiffigen Hallenkirche. Die Orgel (1512) besitzt den ältesten Orgelprospekt Norddeutschlands. *Markt 4*

MUSEUM

Insider Tipp **Theodor-Mommsen-Gedächtnisstätte**
Das älteste Haus der Stadt, das Alte Diakonat am Kirchplatz, ist das Geburtshaus des Rechtswissenschaftlers und bedeutenden Historikers Theodor Mommsen (1817–1903). 1902 wurde Mommsen als erster Deutscher für seine Schriften zur römischen Geschichte mit dem Nobelpreis für Literatur ausgezeichnet. Im Haus ist eine kleine Gedenkausstellung eingerichtet. *Besichtigung nach Vereinbarung, Eintritt frei, Am Markt 5, Tel. 04862/172 67*

ESSEN & TRINKEN

Kerlins Kupferpfanne
Ungewöhnlich, aber durchaus köstlich: 20 verschiedene Schweizer-Rösti-Gerichte. *Tgl., Fischerstr. 1, Tel. 04862/256, €€*

ÜBERNACHTEN

Gardinger Hof
Schlichtes und freundliches Hotel mitten im Ort. *5 Zi., Süderstr. 52, Tel. 04862/257, www.gardinger-hof.de, €*

STRAND

Vollerwiek
Grüner Badestrand, 4 km südlich von Garding.

AUSKUNFT

Tourismuszentrale Garding
Am Markt 26, 25836 Garding, Tel. 04862/469, www.tz-eiderstedt.de

ZIEL IN DER UMGEBUNG

Tetenbüll **[112 C4]**
6 km nordöstlich von Garding liegt das Eiderstedter Bilderbuchdorf: inmitten von grünem Land, Schafe und Haubarge drum herum.

Insider Tipp Im *Haus Peters* wird man in die gute alte Zeit versetzt. Der ehemalige Kaufmannsladen aus dem Jahre 1820 ist die älteste erhaltene dörfliche »Hökerei« in Schleswig-Holstein. Zu sehen gibt es Küchengeräte und Ladenzubehör von einst, kaufen kann man Kunsthandwerk aus Glas und Keramik. *März bis Mitte Jan. Di–So 14–18 Uhr, Dörpstraat 16, Eintritt frei, www.museen-sh.de*

ST. PETER-ORDING

Karte in der hinteren Umschlagklappe

[112 A–B 4–5] St. Peter-Ording ist die Sandkiste der Nordseeküste. 12 km Strand, da ist genug Platz für die 200 000 Strandläufer, die es hier jährlich ans Wasser drängt. Und laufen müssen Sie am Westzipfel Eiderstedts. Der Strand ist breit, der Weg zum Wasser weit. Im Ortsteil St. Peter-Bad pilgern Sie über 1000 m Holzplanken, bis Sie Sand und Wasser unter die Füße bekommen. Da ist der Fahrradsteg zum Ordinger Strand eine echte Alternative. In Ording und Böhl dürfen Sie faul und Umweltsünder sein: Vom 1. Mai bis 30. September ist es hier erlaubt, mit Sack und Pack im Auto über den Strand zu fahren (Parkplakette 4 Euro/Tag). Haben Sie ein Herz für die Umwelt, doch müde Füße, dann chauffiert Sie ein Bus-Shuttle an Ihren Badeplatz. Außerdem locken ein 350 ha großer Kiefernwald zum Wandern und eine schwefelhaltige Solequelle – St. Peter-Ording ist Nordseeheilbad.

Aus vier Ortsteilen ist St. Peter-Ording (4500 Ew.) zusammengewachsen: Im *Dorf* heißt es shoppen und schlemmen. Im alten Ortskern gibt es zig Restaurants und Boutiquen. In *St. Peter-Bad* befinden sich die Kurverwaltung und das Wellenbad mit Dünensauna und Therme. In *Ording* geht es sportlich zu: Dort treffen sich Surfer und Strandsegler, werden Mann und Frau (erlaubt) nahtlos braun. In *St. Peter-Böhl* ist es eher beschaulich, dieser Ortsteil konnte sich seinen bäuerlichen Ursprung halbwegs bewahren.

SEHENSWERTES

Kirche St. Peter **[U D5]**
Der um 1200 errichtete Backsteinbau mit dem kleinen Turm ist heute Zentrum des Ortsteils St. Peter-Dorf. Die Kirche wurde im 19. Jh. renoviert. Der Altar (um 1500) ist der älteste Schnitzaltar Eiderstedts.

Lang und breit: Am Strand von St. Peter-Ording findet jeder sein Plätzchen

Pfahlbaurestaurants

Die Pfahlbauten – ursprünglich als Umkleidekabinen gebaut – sind die charakteristischen Symbole St. Peter-Ordings. Sie haben nur in der Saison (März–Okt.) geöffnet. Bis zu 8 m über dem Sand bzw. Wasser kann man hier in die Weite träumen. Wer sichergehen und trockenen Fußes zurück aufs Festland will, schaut vorher in den Gezeitenkalender.

MUSEUM

Eiderstedter Heimatmuseum [U D5]

In dem reetgedeckten friesischen Bauernhaus aus dem 18. Jh. gibt es Möbel, Keramik, Silber und Glas aus drei Jahrhunderten Eiderstedter Lebens zu sehen. *März–Okt. Di–Sa 10–17, So 10–13 Uhr, Nov.–Feb. Di–Sa 15–17, So 10–12 Uhr, Eintritt 4 Euro, Olsdorfer Str. 6*

ESSEN & TRINKEN

Arche Noah [U A5]

Größtes und höchstes Pfahlbaurestaurant; auf der Sonnenterrasse gibt es Kaffee, Kuchen und warme Speisen. Über einen Holzsteg gelangt man äußerlich trocken wieder an Land. *Tgl., Auf der Sandbank, St. Peter-Bad, Tel. 04863/81 10, €€*

Insider Tipp **Doris Strandcafé** [U A4]

Deftige norddeutsche Gerichte im Pfahlbau. *Tgl., Am Ordinger Strand, Tel. 04863/26 98, €€*

Gambrinus [U B5]

Regionale Küche, bei schönem Wetter im Blumengarten. *Mo Ruhetag, Strandweg 4, Tel. 04863/29 77, €€–€€€*

Vivaldi [U C5]

Sehr feine französisch-mediterrane Speisen, die in exklusiver Atmosphäre serviert werden. *Mo/Di Ruhetag, Friedrich-Hebbel-Str. 2, Tel. 04863/70 10, www.hotelvierjahreszeiten.de, €€€*

Wanlik-Hüs [U D5]

In friesischem Ambiente köstliche Fisch- und Lammspezialitäten. Gute Weinkarte. *April–Okt., Dorfstr. 27, Tel. 04863/30 30, €€–€€€*

EINKAUFEN

Bernsteinmuseum [U D5]

Natur- und kulturgeschichtliche Ausstellung über das »Gold des Nordens«. Seit drei Generationen sammelt die Familie Jöns Bernsteine. Außerdem gibt es hier eine Bernsteinschleiferei und Schmuck aus diesem Harz. Insider Tipp *Werkstattführung: Mo 17 Uhr, Museumsführung: Mi 17 Uhr, Laden: Mo–Fr 9.30–18, Sa 9.30–13, So 11–18 Uhr, Dorfstr. 15*

Koog-Hus [112 B4]

Alles, was das Schaf hergibt: Fleisch, Wurst, Käse, Felle, Wolle. *Tgl. 10–18 Uhr, Tümlauer Chaussee 12, www. wischhusen.com*

ÜBERNACHTEN

Ambassador [U C5]

Gehobener Standard der »Best-Western-Hotel«-Kette. Größtes Haus im Ort. Meerblick. *90 Zi., Im Bad 26, Tel. 04863/70 90, www.hotel-ambassador.de, €€–€€€*

Jensens Hotel Tannenhof [U C5]

Hotel garni mit eigenem Wald direkt am Naturschutzgebiet von St. Peter-Bad. *34 Zi., Im Bad 59, Tel.*

St. Peter-Dorfs Ortskern lädt ein zum Bummeln und Einkehren

04863/70 40, www.jensenstannenhof.de, €€–€€€

Kölfhamm-Hotel [U A4]
Gut geführtes Haus in Ording gleich hinter dem Deich. *25 Zi., Kölfhamm 6, Tel. 04863/99 50, www.koelfhamm.de,* €€

Landhaus an de Dün [U C5]
Edles Hotel im eleganten Kurhausstil. *15 Zi., Im Bad 63, Tel. 04863/960 60, www.hotel-landhaus.de,* €€–€€€

FREIZEIT & SPORT

Dünen Therme [U B5]
Wellenbad mit allerlei Wasserspielen, Saunabereich mit Meerblick, Dampfbad. *April–Okt. Mo–Sa 9.30 bis 22, So 10–19 Uhr, Nov.–März Mo–Sa 14–22, So 10–19 Uhr, Marleens Knoll, www.duenentherme.de*

Golf Deichgrafenhof [112 B4]
Golf für jedermann. *An der B 202 zwischen Tating und St. Peter, Tel. 04863/95 50 60*

AUSKUNFT

Tourist-Service-Center [U D5]
Postfach 100, 25826 St. Peter-Ording, Tel. 04863/99 90, Fax 99 91 80, www.st.peter-ording.de

ZIEL IN DER UMGEBUNG

Westerhever Leuchtturm [112 B4]
★ Den Leuchtturm von Westerhever – 10 km nördlich von St. Peter-Ording – kennt jeder. Er wirbt auf zig Plakaten, Postkarten und Bierdeckeln für das Land und für ein Bier. Der rot-weiße Turm mit den beiden Wärterhäuschen am Fuß ist 37 m hoch, inklusive der Warft, auf der er steht, sogar 41,5 m. Er wurde 1907 auf einem Fundament aus Baumstämmen errichtet, um ein Absacken zu verhindern. Der Turm kann nach Absprache *(Tel. 04865/12 06)* oder Anmeldung bei der Tourismuszentrale Eiderstedt besichtigt werden. Für Paare, die hier oben einander »ja« sagen möchten, führen 140

Eiderstedts Markenzeichen ist der markante Leuchtturm von Westerhever

Stufen in den Ehehimmel. Der Weg vom Deich durch das Vorland bis zur »Hochzeit auf dem Leuchtturm« muss von Braut und Bräutigam zu Fuß bewältigt werden; mit Gummistiefeln an den Füßen und Pumps im Rucksack. Ob es Glück bringt? Wer weiß. *Informationen: Tourismuszentrale Eiderstedt, Garding, Tel. 04862/469*

TÖNNING

[113 D5] Wie ein Raumschiff liegt der flache, asymmetrische Glaspalast auf der Wiese. Westlich der B 5 ist Tönnings (5000 Ew.) Attraktion nicht zu übersehen: Ausgeschildert als *Multimar Wattforum* erwartet Sie dort die einzigartige Welt des Wattenmeers. Wollen Sie vorher das alte Tönning entdecken, fahren Sie zum Hafen. Er ist der schönste an der Nordseeküste und zeugt von der einstigen wirtschaftlichen Blüte Tönnings. Das mächtige Packhaus lässt ahnen, wie der Handel im 17. und 18. Jh. pulsierte: Tonnen von Getreide, Käse und Wolle wurden hier umgeschlagen, Tausende Rinder und Schafe gen England verschifft. Tönnings Lage an der Eidermündung sorgte für Reichtum und Wohlstand. Ende des 19. Jhs. fiel die Hafenstadt, nicht zuletzt durch den Bau des Kaiser-Wilhelm-Kanals, in einen Dornröschenschlaf, jedoch ohne Schloss. Dies wurde im Zuge der dänischen Belagerung im 18. Jh. abgerissen; geblieben ist der Park. Wieder geweckt vom Tourismus, ist Tönning heute ein beliebter Urlaubsort.

SEHENSWERTES

Marktplatz

Rund um den Sandsteinbrunnen von 1613, aus dem noch vor wenigen Jahrzehnten Wasser geschöpft wurde, zeugen ein paar wenige Giebelhäuser vom einstigen Wohlstand der Stadt. Im Norden des

Platzes überragt der 62 m hohe, 1706 errichtete Barockturm der St.-Laurentius-Kirche die Stadt. Ältester Teil des Kirchenschiffs ist die Nordmauer aus dem 12. Jh. Im Inneren gibt es Kunst, u. a. Deckenmalereien des 17. Jhs., zu sehen.

MUSEEN

Multimar Wattforum

★ Die Attraktion in Tönning, einzigartig an der Nordseeküste und viel mehr als ein Museum. Im *Multimar Wattforum* können Sie dem lebendigen Katzenhai ins Maul schauen, dem flüchtenden Wattwurm in seine Wohnröhre folgen, Quallen schweben sehen, dem Krebs mittels Wellen Beine machen, und Sie schauen zu, wie sich Miesmuscheln an ihren Artgenossen festhalten. Vor elf Aquarien stehen und staunen; durch das Mikroskop Winziges groß erleben oder Erzählungen von Augenzeugen hören, die den »Blanken Hans« hautnah erlebt haben.

Star im Wattforum ist ein Pottwalbulle, 1997 vor der dänischen Insel Rømø gestrandet, 45 t schwer und zum Zeitpunkt seines Todes etwa 30 Jahre alt. Sein 18 m langes Skelett hängt an Drahtseilen unter der Decke im extra gebauten Walhaus – auf einer Seite ist seine Haut nachgebildet, sodass die Besucher dem Wal »Aug in Aug« gegenüberstehen. Rund um diesen Riesen taucht man in der Ausstellung »Wale, Watt und Weltmeere« in die Welt der Wale ein, in die Dunkelheit und Stille der Meere, hört ihre Gesänge, kann ihre Haut fühlen und erfährt, wo die Meeressäuger bedroht sind und wie sie geschützt werden. *April–Okt. tgl. 9–19, Nov. bis März 10–17 Uhr, Eintritt 8 Euro, Am Robbenberg, www.multimar-wattforum.de*

Packhaus

Auf der 4000 m² großen Fläche des imposanten dreistöckigen Gebäudes von 1783 wurden Rinder und Schafe zusammengetrieben, bevor sie verschifft wurden. Heute wird hier unter anderem die Ausstellung »Tönning im Wandel der Zeit« gezeigt *(Mai–Okt. Di–So 14.30–17.30 Uhr, Eintritt 1,50 Euro). Am Hafen*

ESSEN & TRINKEN ÜBERNACHTEN

Schankwirtschaft Andresen [112 C5]

Insider Tipp

300 Jahre alter Gasthof hinter dem Deich in Katingsiel, etwa 9 km südwestlich von Tönning. Hausgebackener Kuchen, kleine Gerichte. *Tgl., Katingsiel, Tel. 04862/370, www.schankwirt.de,* €–€€

Strandhotel Fernsicht

Solides Haus direkt an der Eider. Restaurant mit friesischen Gerichten und regionalen Spezialitäten. *45 Zi., Strandweg 3, Tel. 04861/475, www.nordsee-erlebnis.de/strandhotel,* €–€€

Godewind

Stilvolles Hotel direkt am Hafen mit Sonnenterrasse, Wintergarten, Sauna. Restaurant mit Fischspezialitäten (Mo Ruhetag). *6 Zi., Am Hafen 23, Tel. 04861/66 00, www.hotel-godewind.info,* €€

Hotel Miramar

Das Vier-Sterne-Hotel wurde 1997 eröffnet. Es zählt zu den elegantesten Häusern an der Küste. Alle

Zimmer sind edel ausgestattet; die meisten haben Balkon oder Terrasse. Gutes Restaurant. *34 Zi., Westerstr. 21, Tel. 04861/90 90, www.miramar-net.de, €€€*

EINKAUFEN

Krabben und Fisch GmbH
Krabben, Räucherfisch und Salate frisch am Hafen. *Mo–Fr 8–18, Sa 8–12 Uhr, Am Eiderdeich 12*

FREIZEIT & SPORT

Meerwasser-Freibad
Draußen warm (23 Grad) baden; drinnen saunen. *Mai–Sept. tgl. 10–19 Uhr, Strandweg*

AUSKUNFT

Tourist-Information
Am Markt 1, 25832 Tönning, Tel. 04861/614 20, www.toenning.de

ZIELE IN DER UMGEBUNG

Eidersperrwerk [112 C5]
Für Urlauber ist das Eidersperrwerk, 9 km südwestlich von Tönning, vor allem eine Abkürzung auf dem Weg von Hamburg nach St. Peter-Ording. Wer den 30-km-Umweg über Tönning scheut, fährt hinter Heide Richtung *Eidersperrwerk* über den *Eiderdamm* und durch den 263 m langen Tunnel des Eidersperrwerks – ohne zu ahnen, was sich rund um den Tunnel tut.

Sind unter der Autoröhre die fünf Schotten von je 40 m Breite »dicht«, wird die Nordsee bei einer Sturmflut ausgesperrt. Das Hochwasser bleibt draußen; die Flüsse Eider und Treene behalten trotz Flut ihre normalen Pegel. Setzt die nächste Ebbe ein, werden die Schotten geöffnet und das (Regen-) Wasser aus dem Binnenland kann über Treene und Eider in die Nordsee fließen. Bei normalem Wetter bleiben die Sieltore offen, der Tidestrom kann dann das Sperrwerk ungehindert passieren – bis zu 30 Mio. m^3 Wasser rauschen dann hier durch. Vor dem Bau des 4,8 km langen Eiderdamms mit dem Sperrwerk (1967–73) wurde die Mündung des Flusses regelmäßig überflutet, und die ins Land drängenden Wassermassen stauten Eider und Treene. Damit ist seit 1973 Schluss: Seitdem die Nordsee ausgesperrt ist, verwandelte sich eine Hälfte der Eidermündung in einen Koog, das *Katinger Watt.* Und egal ob die Nordsee draußen tobt – die Eider fließt stets ruhig und beschaulich durchs Land.

Übrigens: Die Technik der Entwässerung des Binnenlands ist alt. Sie wurde von den Friesen schon im 11. Jh. eingeführt, denn ohne Siele, Sperr- und Schöpfwerke bekämen die Marschbewohner im Winter und nach starken Regenfällen ziemlich nasse Füße.

Roter Haubarg [113 D3]
★ Der Name Witzwort, 10 km nördlich von Tönning, hat nichts mit einem Witz im wörtlichen Sinn zu tun. »Wort« bezeichnet hier eine Wurf oder Warft, und hinter »Witz« verbirgt sich der Name des Besitzers derselben. Das Dorf ist Orientierungspunkt für alle die, die den schönsten und stattlichsten Haubarg Eiderstedts suchen, den *Roten Haubarg.*

Von Süden – also von Tönning – kommend, müssen Sie durch Witzwort hindurchfahren, nach 3 km und einer scharfen Rechtskurve erreichen Sie den *Adolfskoog*. Und dann können Sie ihn sehen – den mächtigen Hof (750 m² Grundfläche) mit seiner riesigen Reethaube, versteckt hinter dem Wind trotzenden Bäumen. Nur rot ist er nicht. Nun, das war einmal, im 17. Jh., als die roten Backsteinmauern noch unverputzt waren. Inzwischen sind die Außenwände glatt und weiß getüncht.

Wie einst die Besucher des Bauern müssen auch Sie durch die Diele. Schauen Sie mal ans Deckengebälk – hier nisten Schwalbenfamilien. Und nun liegt es an Ihnen: Wollen Sie sich erst stärken, dann bekommen Sie im Südteil, auf der Sonnenseite des Haubargs, wo einst die Herrschaft wohnte, delikate Spezialitäten und köstliche Kuchen serviert *(Mo Ruhetag, Tel. 04864/845, €–€€)*. Sind Sie neugierig auf das, was sich unter der Haube verbirgt, führt eine unscheinbare Tür in das Herz des Haubargs – den »Vierkant«, in dem sich das bäuerliche Leben dereinst abspielte. Heute beherbergt dieser Wirtschaftsteil des Roten Haubargs ein *Museum*, in dem es all das zu sehen gibt, womit die Haubargbauern einst ihren Acker bestellten und ihr Vieh versorgten. *www.roter-haubarg.de*

Seehundsbänke **[112 B6]**

Ab Tönning oder ab dem Eidersperrwerk werden Schiffstouren zu verschiedenen Seehundsbänken angeboten mit der »MS Seehund II«; Fahrtdauer ab Tönning ca. 2,5 Stunden, ab Eidersperrwerk ca. 1,5 Stunden. *Fahrt 13 Euro, Reederei »Adler Schiffe«, Tel. 04842/90 00-0, www.adler-schiffe.de*

Alles unter der Haube

Eiderstedts Haubarge

Kernstück eines Haubargs ist der Vierkant. Vier mächtige Eichenpfähle, die auf Findlingen im Erdreich stehen, tragen das wuchtige, bis zu 20 m hohe Reetdach. In diesem Vierkant wurde das Heu »geborgen« (daher Haubarg), drum herum spielte sich das Leben ab: wurde das Getreide gedroschen, das Vieh versorgt, die Arbeitspferde gehalten; und im Südteil, auf der Sonnenseite, lebte die Familie. Alle und alles unter einem Dach auf einer Fläche von 700 m². Vor 200 Jahren gab es auf Eiderstedt 400 Haubarge. Heute stehen noch zirka 50, umgebaut zu Hotels oder Ferienwohnungen. Für Interessierte einige Adressen von Ferienwohnungen im Haubarg – *Hamkenshof:* bewirtschafteter Reiterhof *(Dorfstr. 6, Tating, Tel. 04862/101 69, www.hamkenshof.de)*. *Peeboos:* 145 Jahre alter Haubarg *(Vollerwiek, Tel. 04862/101 30)*. *Windschuur:* Haubarg im 8000 m² großen Garten inmitten von Viehweiden *(Löhn 2, Welt, Tel. 04865/843)*. *Pohns Warft:* Haubarg auf einer Warft bei Tönning *(G. H. Tönnies, Tel. 089/98 03 18, www.pohns-warft.de)*.

Bauernland und grüner Strand

Kohl, Küste, Krabbenfänger und sagenhafte Geschichten vom Krieg der stolzen Bauern

Der Blick auf die Landkarte weckt Erwartungen: Nordseeküste von der Elbe- bis zur Eidermündung. Wer hier jedoch das Gestade ansteuert, Strand und Nordseewellen erhofft, gar mit Badehose und Handtuch den Deich erklimmt, wird sich fragen: Wo bitte ist das Meer? Hinter dem Deich erstrecken sich Landgewinnungsfelder, Watt und irgendwo weit draußen, unerreichbar für ein erfrischendes Bad, die Nordsee. Der kürzeste Weg ins Wasser führt in Dithmarschen über Büsum, das Ballungsgebiet der Badegäste. Ist der Sand auch von Baggerschaufeln aufgeschüttet, hier gibt es all das, was das Symbol »Strandbad« auf der Landkarte verspricht.

Wer sich nicht den lieben, langen Tag am Strand räkeln mag, sondern das Land entdecken will und etwas über die kämpferischen Bauern erfahren möchte, der sollte die Nordseeküste auch mal links liegen lassen und entlang der B 5 die Städte Meldorf, Hemmingstedt und Heide besuchen. Hier wurde Dithmarscher Geschichte geschrieben.

So ist der 17. Februar 1500 ein Datum, das jeder Dithmarscher

Windsurfer in der Meldorfer Bucht

Büsum: Leuchtturm hinterm Strand

Schüler lernt. Schauplatz der heroischen Handlung ist Hemmingstedt, 5 km südlich von Heide; heute augenfällig durch die futuristische Kulisse einer Ölraffinerie. Damals zeigten hier 6000 Dithmarscher dem Dänenkönig Johann, was eine Harke ist. Und das im wahrsten Sinn des Wortes, denn über andere Waffen verfügten die Ackermänner nicht. Sie lockten das 12 000 Mann starke Dänenheer auf die einzige passierbare Straße, öffneten die Sieltore, und der Feind wurde von den Fluten in die Flucht geschlagen.

Auf der Dusenddüwelswarft zwischen Meldorf und Heide erinnert ein Findling an die Schlacht. In den Stein geschlagen, kann man dort den Wahlspruch der Dithmarscher Bauern lesen: »Wahr di Garr! De Buur de kummt!« (Pass auf, Garde! Der Bauer kommt!).

Das hat doch was: »Shipspotting« am Nord-Ostsee-Kanal

BRUNSBÜTTEL

[114–115 C–D5] Brunsbüttel hat zwei Gesichter: Westlich des Nord-Ostsee-Kanals der alte Dorfkern Brunsbüttel mit Fachwerkhäusern aus dem 18. Jh., dem Kirchplatz und der 1679 erbauten Jakobuskirche; östlich des Kanals Brunsbüttelkoog, ein riesiges Industrieareal mit Chemiefabriken und dem Atomkraftwerk. Dorf und Industrie wurden 1969 zur Stadt Brunsbüttel (14 000 Ew.) zusammengeschlossen. Als Ein- bzw. Ausfahrt des Nord-Ostsee-Kanals sind die Schleusenanlagen Brunsbüttels Touristenattraktion.

SEHENSWERTES

Brunsbütteler Schleusen

★ Von einer Aussichtsplattform aus lässt sich das Schleusen dicker Pötte beobachten. Im *Atrium*, dem Museum, sind Schiffs- und Schleusenmodelle zu sehen, und hier sind Entstehung und Geschichte des Nord-Ostsee-Kanals dokumentiert. *Plattform tgl. von Sonnenauf- bis Sonnenuntergang. Atrium März–Okt. tgl. 10.30–17 Uhr, Eintritt 2 Euro, Gustav-Mayer-Platz*

Mathias-Boie-Haus

Das 1779 als Amtssitz des Pastors errichtete, nach dem Vogt Mathias Boie (1600–53) benannte Haus zählt zu den schönsten Fachwerk- und Bürgerhäusern des Landes. Heute ist es das Gemeindehaus der ev.-luth. Kirchengemeinde. *Am Markt 12*

Nord-Ostsee-Kanal

Die Wege rechts und links des Kanals laden ein zu einem Spaziergang, einer Fahrradtour; oder Sie setzen sich auf eine Bank, »gucken Schiffe« und träumen von der großen, weiten Welt.

Nach über 100 Jahren seines Bestehens (Eröffnung 21. Juni 1895) wirkt der Kanal mit den üppigen Uferböschungen wie ein Stück Natur. Nichts weist darauf hin, dass hier einst 7500 Arbeiter, vorwiegend nur mit Spaten ausgerüstet, 80 Mio. m^3 Erde bewegt haben. War er 1895 66 m breit, misst er heute 162 m. In Dithmarschen liegt seine Wasseroberfläche deutlich über den angrenzenden Marschen; der Wasserlauf wird in dieser tief liegenden Landschaft von Dämmen begrenzt. So scheinen die 41 000 Schiffe, die jährlich den Kanal passieren – aus der Ferne gesehen –, über das Land zu gleiten. Wenn im Mai die Saison der »Traumschiffe« beginnt, ziehen die weißen, nicht selten acht Stockwerke hohen Kreuzfahrtriesen wie Wohnhäuser durch die grüne Landschaft.

6,5–8,5 Stunden dauert die 100 km lange Passage von den Schleusen in Brunsbüttel bis nach Kiel-Holtenau, der Ausfahrt in die Ostsee. Im Land dürfen die Kapitäne nur mit halber Kraft schippern; die zulässige Höchstgeschwindigkeit liegt bei 15 km/h, führen sie schneller, würden Sog und Wellenschlag Bett und Böschung des 11 m tiefen Kanals beschädigen. Geht es auch nur langsam voran, früher, als es den Kanal noch nicht gab, mussten die Seeleute um Skagen segeln – ein Umweg von 250 Seemeilen.

MUSEUM

Heimatmuseum Brunsbüttel
In dem 1905 erbauten ehemaligen Rathaus geben Bilder, Karten, Fotos, Kunst- und Gebrauchsgegenstände einen Einblick in das Leben von einst. Hier erfährt man alles über die Geschichte Brunsbüttels. *April–Sept. Di–Do, Sa/So 14–17, Mi auch 10–12 Uhr, Okt.–März Di–Do 14–17 Uhr, Eintritt frei, Am Markt 4, www.brunsbuettel/museum/home.htm*

ESSEN & TRINKEN

Zum Yachthafen
Schlemmen mit Blick auf die Schleusenanlage. Spezialität: Krabbengerichte. Kuriosum: die Hunde-Speisekarte. *Tgl., Kreystr. 1, Tel. 04852/23 06,* **€€–€€€**

MARCO POLO Highlights »Dithmarschen«

★ **Seehundstation Friedrichskoog**
Hilfe für Heuler und mehr (Seite 68)

★ **Brunsbütteler Schleusen**
Am Westende des Kanals müssen die dicken Pötte durch (Seite 64)

★ **Windenergiepark Westküste**
Alles dreht sich hier um den Wind (Seite 70)

★ **Kutterhafen**
Kutter gucken, Krabben pulen und der Geruch des Meeres (Seite 68)

AM ABEND

Elbeforum Brunsbüttel

Theater, Konzert, Musical, Oper, Operette, Kabarett – Kultur wird in Brunsbüttel im Elbeforum geboten. *Von-Humboldt-Platz 5, Info-Tel. 04852/540 00; Theater- u. Konzertkasse: Mo–Fr 10–12.30 Uhr, Di/Do auch 16–17.30 Uhr, Tel. 04852/54 00 54, www.elbeforum.de*

AUSKUNFT

Touristinformation

Am Markt 4, 25541 Brunsbüttel, Tel. 04852/91 77, Fax 91 78, www.brunsbuettel.de

ZIELE IN DER UMGEBUNG

Kuden **[115 D4]**

Das Dorf Kuden (650 Ew.) liegt 10 km nordöstlich von Brunsbüttel an der Kante zwischen sandiger Geest und fruchtbarer Marsch. Einst verlief hier die Küstenlinie der Nordsee. Im Dorfkern stehen gut erhaltene Bauernhöfe aus dem 18. und 19. Jh. Unter dem Gebälk der Insider Tipp *Dithmarscher Schatulle,* eines 1792 erbauten Bauernhauses, werden Kuchen und Torten gebacken und deftige Brote serviert *(Do 16–20, Fr–So 14–20 Uhr und n. V., Norderende 14, Tel. 04855/81 32).*

Unweit des Dorfs liegt der *Kudensee,* mit 80 ha der größte See in Dithmarschen. Er ist Mittelpunkt eines Vogelschutzgebiets und Rastplatz zahlreicher Zugvögel.

Marne **[114 C4]**

Noch im 18. Jh. lag Marne (6100 Ew.) direkt am Meer. Im Zuge der Eindeichung und Landgewinnung verlor Marne den Hafen und wurde zu einer Kleinstadt im Binnenland, 12 km nordwestlich von Brunsbüttel. Leider ist von dem historischen Charme nur wenig geblieben. Erinnerungen an die alten Zeiten weckt der alte Kirchhof der *Maria-Magdalenen-Kirche.* Blickfang ist die Fassade der *Sonnenapotheke,* in der bereits 1755 Pillen gedreht und Säfte gebraut wurden. Eine Skatrunde, bestehend aus Apotheker, Kaufmann und Brauereibesitzer, schuf 1873 den Grundstock für das Heimatmuseum *Marner Skatclub.* Verwahrt werden hier Möbel, Trachten und Raritäten aus der Region *(Di–Fr 15–17, So 10–12 Uhr, Eintritt 1,50 Euro, Museumstr. 2).*

Touristinformation Marne: Königstr. 15, Tel. 04851/95 76 86, www.marne.de

BÜSUM

[114 B2] Strandräuber sollen die Vorfahren gewesen sein – im 15. Jh., als Büsum noch eine Insel war. Mit dem Festland zusammengewachsen, ist zumindest der Sinn fürs Geschäft geblieben. In der Fußgängerzone locken unzählige Kneipen, Diskotheken, Eisbuden, Boutiquen und Souvenirläden. Während der Sommermonate gleicht Büsum (5000 Ew.) einem Jahrmarkt. Gäste schieben sich durch die Gassen. Der 3,5 km lange grüne Strand ist übersät mit 3000 bunten Strandkörben. Von der Beschaulichkeit des ältesten Seebads (seit 1837) Dithmarschens keine Spur.

Da Ebbe das Baden in Büsum unmöglich macht, nehmen die zumeist älteren Gäste dann mit einer Wattwanderung vorlieb. Die Jungen treffen sich in der *Perlebucht,* einer aufgeschütteten Sandbank mit einem Badesee.

SEHENSWERTES

Hafen und Leuchtturm
Der Büsumer ist nach Friedrichskoog der zweitgrößte Kutterhafen an der Westküste Schleswig-Holsteins. Der nicht besonders hohe (25 m) Leuchtturm leuchtet den Krabbenkuttern seit 1913 heim.

Info-Zentrum Nationalpark
Interessantes und Wissenswertes über Naturschutz und Wattenmeer. Große Satellitenaufnahmen zeigen das Wechselspiel von Ebbe und Flut. Attraktion ist ein drehbarer »Wattwürfel«, mit dem man, ohne zu graben, in den Wattboden blicken kann. *Im ehemaligen Schleusenhaus an der Hafeneinfahrt, Mitte März–Okt. tgl. 9.30–16.30 Uhr, Nov.–Mitte März Mo-Fr 10–14, So 11–15 Uhr, Tel. 04834/63 75*

Sturmflutwelt Blanker Hans
Erlebniscenter zum Thema Sturmflut mit virtueller Zeitreise in das Jahr der Flutkatastrophe 1962. Zeitzeugenberichte und Filme dokumentieren die Gewalt des Blanken Hans. *Tgl. 10–18 Uhr, Eintritt 10 Euro, Dr.-Martin-Bahr-Str. (direkt an der B 203), www.blanker-hans.de*

MUSEUM

Museum am Meer Insider Tipp
Hier kann jeder mal Krabbenkapitän sein, das Ruder in die Hand nehmen und alles über den harten Alltag der Küstenfischer erfahren. *Mo–Do 10–17, Sa 13–17, So 11–17 Uhr, Eintritt 2 Euro, Am Fischereihafen 19, www.museum-am-meer.de*

ESSEN & TRINKEN

Büsumer Pesel
Café und Restaurant im Kurgastzentrum. Herrlicher Blick auf

Mit solchen Kuttern werden die berühmten Büsumer Krabben gefangen

die Nordsee. *Tgl., Südstrand 15, Tel. 04834/10 40,* €–€€

Kiek in
Über 40 Fischgerichte, dazu Lammgerichte. *Tgl., Hohenzollernstr. 13, Tel. 04834/29 07,* €–€€

Zur Alten Post
Traditionslokal mit hervorragender regionaler Küche, Spezialität: Krabbengerichte. Man isst in einer originalen Bauernstube. *Tgl., Hafenstr. 2, Tel. 04834/23 92,* €€– €€€

EINKAUFEN

Dienstags Wochenmarkt von 7 bis 14 Uhr. *Ankerplatz*

ÜBERNACHTEN

Hotel Friesenhof
4-Sterne-Hotel direkt hinter dem Deich. Die meisten Zimmer mit Meerblick. Sauna, Fitnessbereich. *44 Zi., 1 Suite, Nordseestr. 66, Tel. 04834/95 51 20, Fax 81 08, www.buesumer.de/friesenhof,* €€€

Zur Alten Apotheke
Kleines, gepflegtes Hotel im Zentrum. *17 Zi., Hafenstr. 10, Tel. 04834/20 46, Fax 93 62 09, www.hotel-zur-alten-apotheke.de,* €€

Zur alten Post
Hotel im Zentrum, direkt bei der St.-Clemens-Kirche. Mit gutem Restaurant. *46 Zi., Hafenstr. 2, Tel. 04834/951 00, Fax 49 44,* €€

FREIZEIT & SPORT

Piratenmeer
Wellenbad, Außenbecken, eine 110 m lange Wasserrutsche, Sauna, Dampfbad und einen Strand – all das gibt es im neuen Büsumer Spaßbad. *April–Okt. Mo–Sa 9.30–22, So 10–19 Uhr; Nov.–März Mo–Sa 14–22, So 10–19 Uhr, Eintritt 2 Std. 8,50 Euro, Südstrand 9, www.piratenmeer.de*

AM ABEND

Alleestraße
Büsums Flaniermeile mit Restaurants und Kneipen.

Biersalon
Pubatmosphäre, englisches Bier vom Fass. Auch Glücksspieltempel. *Alleestr. 36*

Im Versteck
Szenelokal. Man trifft sich bei Gisela. *Nur Fr/Sa u. vor Feiertagen, Hohenzollernstr. 4*

Octopus
Hier trifft sich das junge Büsum, auch Einheimische. *Bahnhofsstr. 25a*

AUSKUNFT

Kurverwaltung Büsum
Südstrand 11, 25761 Büsum, Tel. 04834/90 90, www.buesum.de

FRIEDRICHSKOOG

[114 B4] Zwei Möglichkeiten bietet Friedrichskoog (2400 Ew.): frischen Fisch und grünen Strand. Der Hafen ist der größte an der Nordseeküste. Hier gibt es Krabben frisch vom Kutter. *Friedrichskoog-Spitze* heißt das Strandbad, 5 km vom Hafen entfernt. Wer sich an den so genannten Strand legt, liegt auf der grünen Wiese, und bei Ebbe ist das

Wasser weit. In dem noch jungen Seebad wurden in den letzten Jahren Apartments und eine Ladenzeile gebaut. Diese Ferienanlage mitten in der Marsch direkt am Deich hat wenig Charmantes. Doch da die Kutterflotte schrumpft, der Nachwuchs nicht mehr raus auf See will, setzt man auf den Tourismus.

SEHENSWERTES

Kutterhafen

★ Ist der Hafen voll, liegen hier über 30 Kutter. Wer das Treiben der Fischer erleben will, sollte vorher in den Gezeitenkalender gucken. Die Kutter kommen und gehen bei Hochwasser. Drückt zudem der Ostwind das Wasser hinaus ins offene Meer, bleibt das Hafenbecken leer. Fischer, die am Hafenkiosk beieinander stehen, wissen, wann es im Hafen etwas zu sehen gibt. In den Sommermonaten finden hier regelmäßig Fischmärkte statt.

MUSEUM

Seehundstation Friedrichskoog

★ Hier werden Heuler – junge Seehunde –, die mutterlos gefunden wurden, aufgepäppelt, bis sie so weit sind, sich selbst ernähren zu können – dann werden sie in die Freiheit entlassen. Besucher können sich in der Station über das Leben der Robben und Wale informieren, Seehunde bei der Fütterung beobachten, Felle und Knochen anfassen und sich die Rufe der Heuler anhören. Wer noch mehr wissen will, für den gibt es ein umfangreiches Angebot an Vorträgen, Projekttagen und Exkursionen. *März–Okt. tgl. 9–18 Uhr, Fütterung 10.30 u. 17.30 Uhr; Nov.–Feb. tgl. 10–17.30 Uhr, Fütterung 10.30 u. 16 Uhr, Eintritt 3,50 Euro, An der Schleuse 4, Tel. 04854/13 72, www.seehundstation-friedrichskoog.de*

ESSEN & TRINKEN

Fischhaus Stührk

In der gefliesten Fischbratküche oder draußen auf der Bank gibt es alles, was die Kutter gerade angelandet haben: kalt auf Brötchen, gebraten, gekocht oder geräuchert. *Tgl., am Hafen, Tel. 04854/217,* €

AM ABEND

Hochzeitsmühle Vergißmeinnicht

Windmühle von 1860, Veranstaltungsort für Konzerte und Lesungen *(Info-Tel. 04854/15 06).* Für alle, die auf außergewöhnliche Weise »ja« sagen wollen: Hier befindet sich die Außenstelle des Standesamts Friedrichskoog. *Koogstr. 90*

FREIZEIT & SPORT

Sole-Bewegungsbad

32 Grad warme Sole aus eigener Bohrung, Whirlpool, Wasserfall,

Dieser Seehund ist eine Kegelrobbe

Dampfbad. *Mo–Fr 8–18 Uhr, Sa/So 10–20 Uhr, Eintritt 5 Euro, beim Kurmittelhaus, Schulstraße West*

Strandbad Friedrichskoog-Spitze
Bewachter Badestrand, Hundestrand und FKK-Strand; Strandkorbvermietung.

AUSKUNFT

Kurverwaltung Friedrichskoog
Koogstr. 141, 25718 Friedrichskoog, Tel 01805/60 18 18, www.friedrichskoog.de

ZIEL IN DER UMGEBUNG

Windenergiepark Westküste [114 B4]
★ Wie wird Wind zu Strom? Wie funktionieren die Windmühlen? Im *Informationszentrum Kaiser-Wilhelm-Koog* – 8 km südlich von Friedrichskoog – gibt es Antworten anhand von Videovorführungen und anschaulichen Modellen. *Tgl. 10–17 Uhr, Sommerdeich 14a, Kaiser-Wilhelm-Koog*

HEIDE

[112–113 C–D 1–2] Wo einst die Mächtigen Dithmarschens debattierten, stellen die Bürger heute ihre Autos ab. Der Marktplatz, mit einer Fläche von mehr als 4 ha der größte in Deutschland, ist die Urzelle der Dithmarscher Kreisstadt. Das Areal wurde im 15. Jh. für politische Versammlungen mitten »in der Heyde« abgesteckt. Zu dieser Zeit setzte sich Heide (20 700 Ew.) als politisches Zentrum gegenüber Meldorf durch.

Parken Sie auf dem Markt, bummeln durch die *Friedrichstraße* (Einkaufs- und Fußgängerzone) in den Altstadtteil Lüttenheid, dann wandeln Sie auf den Spuren der Familie Brahms und des Dichters Klaus Groth.

SEHENSWERTES

St.-Jürgen-Kirche
Die Grundmauern stammen aus dem 15. Jh. Nach einem Brand 1559 wurde das Kirchenschiff erneuert, Ende des 17. Jhs. nochmals erweitert. Im Inneren entspricht St. Jürgen eher einer bescheidenen Dorfkirche, jedoch mit einem prunkvollen Barockaltar und einem sehenswerten Altarbild von 1515. *Marktplatz*

MUSEEN

Brahmshaus
Hier wurde Johann Jacob Brahms, der Vater des berühmten Komponisten, geboren. Die Ausstellung »Johannes Brahms – Norddeutsche Wurzeln und Bindungen« gibt einen Einblick in das Leben der Familie. *April, Mai, Okt. Di, Do, Fr 14.30–16.30, Sa 10.30–12.30 Uhr, Juni–Sept. Di, Do, Fr 10.30–12.30 u. 14.30–16.30 Uhr, Sa 10.30 bis 12.30 Uhr, Eintritt 1.50 Euro, Lüttenheid 34*

Museumsinsel Lüttenheid
Gleich zwei Museen liegen hier in der Altstadt in bequemer Entfernung voneinander. *Di–Do/So 11.30 bis 17, Fr 11.30–14, Sa 14–17 Uhr, Eintritt 2,50 Euro, Lüttenheid 40*

Das *Klaus-Groth-Museum* ist das Geburtshaus des Dichters. Hier verlebte der Dichter, der die plattdeut-

Dörfliche Kirche mit interessantem Stilmix: St. Jürgen in Heide

sche Sprache literaturwürdig werden ließ, seine Kindheit und Jugend. Die Räume samt der Einrichtung im Giebelhaus, erbaut 1796, sind im ursprünglichen Zustand belassen worden.

Insider Tipp Im *Heider Heimatmuseum* befindet sich eine Sammlung zur Stadtgeschichte sowie zur Vor- und Frühgeschichte Dithmarschens. Dank moderner Computer- und Videotechnik wird hier die Steinzeit lebendig.

ESSEN & TRINKEN

Am Kamin

Dithmarscher Spezialitäten im *Hotel Kotthaus (17 Zi., €€)*. Reservierung empfehlenswert. *Tgl., Rüsdorfer Str. 3, Tel. 0481/85 09 80, €€*

Café Reimers

Frühstück, köstliches Gebäck und gehaltvolle Torten. *Tgl., Friedrichstr. 33, Tel. 0481/68 30 30, €*

Journal

Bar, Bistro, Bierhaus. *Mo Ruhetag, Schuhmacherort 26, Tel. 0481/599 82 22, €–€€*

EINKAUFEN

Jeden Samstag besuchenswerter, großer Bauern-Wochenmarkt auf dem Marktplatz.

ÜBERNACHTEN

Country Line Hotel Berlin

Hotel im Landhausstil. Idyllisch gelegen mit Blick auf Pferdekoppeln, Beautyabteilung, Restaurant. *70 Zi., Österstr. 18, Tel. 0481/854 50, www.hotel-berlin.com, €€€*

AUSKUNFT

Tourismusverein Heide

Markt 28, 25746 Heide, Tel. 0481/212 21 60, www.heide-nordsee.de

Stolze Sätze

Die Küstenbewohner brauchen nicht viele Worte

Lewwer duad üs Slaav«: Lieber tot als Sklave – dieser Spruch wehte erstmals am 10. Juni 1844 auf der gold-rot-blauen Friesenfahne. Damals demonstrierten in Bredstedt etwa 5000 Menschen für die Unabhängigkeit der deutschen Schleswig-Holsteiner von Dänemark. Für Popularität dieses Friesenworts sorgte der Dichter Detlev von Liliencron (1844–1909) mit seiner Ballade »Pidder Lyng«. In ihr wird erzählt, wie der stolze Friese sich gegen Steuern und die Unterwerfung durch den dänischen König wehrt – er erstickt den dänischen Amtmann aus Tondern in einem Topf mit heißem Grünkohl.
»Rüm hart, klaar kimming«: Weites Herz und klarer Horizont – übersetzt klingt dieser Spruch wie ein Werbeslogan für Land und Leute an der Nordseeküste. Doch das Original ist der Sylter Wappenspruch – was die Festländer nicht abhält, auch sich und ihre Landschaft mit diesen Worten zu schmücken. Wer, wann und wo diesen Wahlspruch in die Welt setzte, ist unbekannt; wahrscheinlich waren es Sylter Seefahrer, die ihn in ihr Wappen schrieben.

ZIELE IN DER UMGEBUNG

Albersdorf **[115 E2]**
Dieses ehemalige Kurbad (7500 Ew.), 13 km südöstlich von Heide, lockt mit zwei Attraktionen: Wäldern und archäologischen Fundstücken. Zu sehen im »AÖZA« am südlichen Ortsrand: Das *Archäologisch-Ökologische Zentrum Albersdorf* ist ein »Naturerlebnisraum« mit Wanderwegen, einem Steinzeitpark und einem rekonstruierten Steinzeitdorf *(Dorf nur Mai–Okt. So 14–17 Uhr, Eintritt 2,50 Euro; Info-Tel. 04835/95 02 03, www.aoeza.de)*. Fundstücke aus der Eisen- und Bronzezeit gibt es im *Museum für Archäologie und Ökologie Dithmarschen* zu sehen *(Di–Fr 10.30–17, So 11–17 Uhr, Eintritt 2 Euro, Bahnhofstr. 29, www.museum-albersdorf.de)*.

Hemmingstedt **[114 C2]**
Hier, 5 km südlich von Heide, erinnert eine historische Förderpumpe, auch Pferdekopf genannt, an das Jahr 1856, als ein Bauer beim Brunnengraben auf schwarzes Gold stieß. Die Ölförderpumpe war bis 1989 in Betrieb; bis zur Stilllegung des Ölfelds Heide 1991 wurden hier insgesamt 2,5 Mio. t Erdöl gefördert. Heute bekommt die *Raffinerie* in Hemmingstedt (3000 Ew.) das Öl per Pipeline aus Brunsbüttel.

Der Findling auf der *Dusenddüwelswarft* (B 5 Richtung Meldorf; der Ausschilderung folgen) ist Symbol für den historischen Sieg der Dithmarscher über die Dänen am 17. Februar 1500.

Lunden **[113 D4]**
In diesem Ort (5100 Ew.), 17 km nördlich von Heide, erzählt der so

Insider Tipp genannte *Geschlechterfriedhof* die Geschichte Dithmarschens. Unter den liegenden Sandstein-Gruftplatten ruhen die Vorfahren der mächtigen und einflussreichen Bauerngeschlechter. Aufrecht steht der Stein von Peter Swyn (1480–1537). Er kämpfte siegreich in der Schlacht von Hemmingstedt, warb für die Abschaffung der Blutrache und wurde deshalb von einem rivalisierenden Dithmarscher Geschlecht ermordet. Der Grabstein zeigt die Mordszene.

Im *NaTour Centrum Lunden* erfahren die Besucher im »Moor-Raum« allerlei über die Tier- und Pflanzenwelt der Umgebung. Zu sehen gibt es auch eine alte Landarztpraxis, eine Druckerei und eine Schusterwerkstatt. Draußen kann man im Bauerngarten zwischen Blumen- und Kräuterbeeten verschnaufen oder auf einem Rundkurs in der Nähe u. a. den »Moorlilienwald« erkunden. *Do 14–16 Uhr und n. V., Eintritt 3 Euro, Wilhelmstr. 18, Tel. 04882/55 45, www.natourcentrum-lunden.de*

Wesselburen **[114 B1]**
10 km in Richtung Eidersperrwerk liegt der Geburtsort (3100 Ew.) von Friedrich Hebbel (1813–63). In dem Haus, in dem der junge Hebbel einst als Laufbursche und später als Schreiber des Kirchspielvogts diente, befindet sich heute das *Hebbelmuseum.* In historisch eingerichteten Räumen und einer umfangreichen Bibliothek erfahren die Besucher alles über Leben und Werk des deutschen Dramatikers. *Mai–Okt. Di–Do 10–12 und 14–17, Fr–So 10–12 und 15–17 Uhr oder n. V., Tel. 04833/41 90, Eintritt 2 Euro, Österstr. 6, www.hebbelmuseum.de*

MELDORF

[114 C3] Das grün oxydierte Kupferdach und der Turm überragen alles in der Marschlandschaft. Die Meldorfer Kirche – auf Grund ihrer Größe auch Dom genannt, obwohl es hier nie einen Bischof gab – gilt als der bedeutendste gotische Kirchenbau zwischen Hamburg und dem dänischen Ribe. Am Fuß des Doms, in der Enge der schmalen, kopfsteingepflasterten Gassen, ist das Flair der einstigen und einzigen mittelalterlichen Stadt Dithmarschens noch zu spüren.

Mussten die Meldorfer im Lauf der Geschichte zunehmend Macht und Einfluss an die heutige Kreisstadt Heide abgeben, so sind sie heute froh, denn sie wissen: Durch den Machtverlust ist Meldorf (7700 Ew.) einer Sanierung mit der Abrissbirne entgangen. Pläne dafür gab es.

SEHENSWERTES

Meldorfer Dom
Die St.-Johannis-Kirche wurde zwischen 1250 und 1300 erbaut. Bereits ab dem 9. Jh. standen an gleicher Stelle Kirchen, von denen die Mission Dithmarschens und der Westküste ausging. Im 19. Jh. erhielt der »Dom« einen neuen Turm, und die Außenfassade wurde neugotisch aufgemauert. Innen ist die Gotik echt. Gewaltige Kuppeln, so hoch und breit wie die des Ratzeburger Doms, überspannen den Innenraum der dreischiffigen Backsteinbasilika. Die mittelalterlichen Gewölbemalereien mit Motiven aus der Schöpfungsgeschichte wurden 1992 aufwändig restauriert. St.

Johannis wird auch für Konzerte klassischer Musik und für Lesungen genutzt. *Mo–Fr 10–12 u. 14–16, Sa 10–12 Uhr, sonn- u. feiertags Gottesdienst 10 Uhr*

MUSEEN

Insider Tipp

Dithmarscher Landesmuseum

So war das damals! Originalgetreu eingerichtete Räume lassen die alten Zeiten wieder aufleben: Ein Postamt, der Bahnhof, die Schule, ein Friseursalon, der Kaufladen, das Kino, beim Zahnarzt, ja sogar einen Operationssaal gibt es hier zu sehen. *Mo–Fr 10–16.30, Sa/So 11 bis 16 Uhr, Eintritt 2,50 Euro, Bütjestr. 2–4, www.landesmuseum-dithmarschen.de*

Schleswig-Holsteinisches Landwirtschaftsmuseum

Landarbeit und Landleben während der Industrialisierung: Mähdrescher, Traktoren, eine Dithmarscher Sauerkrautfabrik. Zum Vergleich: ein vollständig eingerichtetes Dithmarscher Bauernhaus des 17./18. Jhs. mit Stube, Küche, Stall und Milchkeller, aus einer Zeit, als Landarbeit überwiegend Handarbeit war. *Di–Fr 9–17, Sa/So 11–17 Uhr, Eintritt 2,50 Euro, Jungfernstieg 4, www.dithmarschen.de*

ESSEN & TRINKEN

Insider Tipp

Brasserie & Restaurant V

Mobiliar und Speisekarte bieten eine Mischung aus französischem Bistro und italienischem Restaurant. Es gibt aber auch heimische Spezialitäten. Gute Weine und günstiger Mittagstisch. *Tgl., Klosterstr. 4, Tel. 04832/60 14 80, www.restaurant-v.de,* €€–€€€

Dom Café

Gemütliches Café mit Gemälden, Grafiken und Aquarellen namhafter Künstler aus der Umgebung. Kaf-

Frisiersalon aus den Fünfzigerjahren im Dithmarscher Landesmuseum

feespezialitäten, über 20 Teesorten, köstliche Kuchen und Torten aus eigener Herstellung. *Tgl., Südermarkt 4, Tel. 04832/34 44, www.domcafemeldorf.de, €*

EINKAUFEN

Insider Tipp
Domgoldschmiede
Traditionsreiche Gold- und Silberschmiede mit sehenswerter Mineraliensammlung. Fachmännische Beratung und exklusive Sonderanfertigungen. *Mo–Fr 9–12 u. 14–18, Sa 9–12 Uhr, Nordermarkt 9, www.domgoldschmiede.de*

Handweberei
Gardinen, Kissen, Läufer, Kostüme aus Baumwolle, Kammgarn oder Schurwolle handgewebt nach Ihren Farb- und Musterwünschen. *Mo bis Do 7.30–15, Fr 7.30–12 Uhr, Papenstr. 2*

Wochenmarkt
Buntes Treiben auf dem Südermarkt am Fuß von St. Johannis. *April–Sept. Fr 7–13, Okt.–März Fr 8–13 Uhr*

ÜBERNACHTEN

Hotel zur Linde
Behagliches Hotel mit bekannt guter Küche, vor allem Dithmarscher Spezialitäten. *17 Zi., Südermarkt 1, Tel. 04832/959 50, www.linde-meldorf.de, €€*

FREIZEIT & SPORT

Rundfahrten
Mit dem Bus durch die »Freie Bauernrepublik Dithmarschen«, durch Köge und Kohlanbaugebiete. Besichtigung verschiedener Museen, Kirchen und der einzigen Kohl- und Sauerkrautfabrik in Schleswig-Holstein. *Informationen: Elke Elvers (Tel. 04832/77 79) und im Tourist-Center*

Stadtführungen
Amtliches und Anekdoten erzählen die Stadtführer während eines Rundgangs (1,5 Stunden) durch die Stadt. *Di 14.15 u. Do 10.30 Uhr, Treffpunkt am Tourist und Service Center*

AUSKUNFT

Tourist und Service Center
Nordermarkt 10, 25704 Meldorf, Tel. 04832/978 00, Fax 97 80 20, www.meldorf-tourismus.de

ZIEL IN DER UMGEBUNG

Burg **[115 D4]**
In der »Höhe« auf dem Geestrücken liegt der Luftkurort Burg (4200 Ew.), 19 km südlich von Meldorf, ganz nah am Nord-Ostsee-Kanal (Kanalfährenanleger »Burg«). Vom 21 m hohen Aussichtsturm des *Waldmuseums (April bis Okt. Di–So 10–12 u. 14–17 Uhr, Eintritt 2 Euro, Obere Waldstraße, www.waldmuseum.de)* hat man einen phantastischen Ausblick über Dithmarschen bis zur Elbmündung.

Die Sattler- und die Tischlerwerkstatt, eine Zahnarztpraxis, der Kolonialwarenladen und der Friseursalon aus vergangenen Jahrhunderten wurden im *Burger Heimatmuseum* liebevoll rekonstruiert. Attraktion ist die vollständig erhaltene Landapotheke aus dem Jahr 1839. *Mai–Okt. Di, Fr–So 14.30 bis 16.30 Uhr, Eintritt 2,50 Euro, Große Mühlenstr. 6* Insider Tipp

Vielfältiges Leben

Wenn das Wasser verschwindet, dann erscheint das Wunder Watt

Strandschnecken und Blasentang im Schlickwatt

Das Wasser ist fort. Bis zum Horizont Matsch, gewellt, gerippt, hier und da ein Rinnsal. Die Ebene scheint endlos, glitzert in Grau- und Brauntönen. Am Himmel kreischen Möwen, Austernfischer trippeln durch Pfützen, stochern mit dem Schnabel in den Wasserlachen. Es herrscht Ebbe. Die Nordsee hat sich kilometerweit zurückgezogen; geblieben ist das Wattenmeer.

Doch was ist das? Meeresboden oder zeitweise überspültes Land? Experten erklären es so: Watt ist das Übergangsgebiet vom festen Land zum Meer, das bei Flut überströmt wird und bei Ebbe »trockenfällt«. Bis zu 20 km breit und 450 km lang erstreckt sich diese einzigartige Landschaft entlang der Nordseeküste, von den Niederlanden bis nach Dänemark.

1985 wurde das Nationalparkgesetz verabschiedet, das das gesamte schleswig-holsteinische Wattenmeer unter Schutz stellt. Denn was die Nordsee alle sechs Stunden freilegt und dann wieder überflutet, ist ein empfindliches, einzigartiges Ökosystem. Je nach Beschaffenheit des Bodens leben hier bis zu 10 000 Tiere auf einem Quadratmeter; Tiere, die sich dem ständigen Wechsel von Wasser und Luft anpassen müssen. Zudem ist das Wattenmeer Laichplatz und Kinderstube vieler Fischarten und Nahrungslieferant für zahlreiche Vögel.

Am Büsumer Strand: Silbrig glänzt das Watt im Gegenlicht

Diese artenreiche Welt wird von Industrie und Landwirtschaft, aber auch von Urlaubern bedroht. Deshalb ist ein Großteil des Nationalparks für Touristen tabu. Dennoch dürfen Unkundige, für die die Nordsee ohne Wasser nur »Matsch« ist, diese Welt entdecken – ja, sie sollen verstehen, warum das Wattenmeer kostbar ist. Das ist das Anliegen der Mitarbeiter zahlreicher Informationszentren entlang der Nordseeküste. Hier bekommen Watt-Entdecker Informationen, wo sie sich Pflanzen und Tieren jenseits des Deichs nähern dürfen, wie sie sich verhalten sollen und was unter ihren Füßen lebt, während sie sich in den »Matsch« wagen.

Auf den Salzwiesen blüht von Juli bis Oktober die Strandaster

ZWISCHEN DEICH UND WATT

Gesalzene Pflanzen

Auf den ersten Blick ist vor dem Deich alles gleich – schlichtes Grün bis zum Schlick. Grasen auf den Wiesen Schafe, mag dieser Eindruck stimmen. Denn wo Böcke, Schafe und Lämmer das Gras kurz halten, haben empfindliche Pflanzen kaum eine Chance. Durch Vertritt und Verbiss – so nennt es der Fachmann – wird die Flora der Salzwiesen eintönig. Um die Vielfalt zu erhalten, dürfen Schafe an der Nordseeküste nur noch auf etwa der Hälfte der Salzwiesen weiden. Mit den kurz gehaltenen und festgetretenen Grassoden dieser Wiesen werden schadhafte Deichflächen ausgebessert.

Lässt man die Salzwiese »ins Kraut schießen«, blühen dort unter anderem die Strandaster, der rosaviolette Strandflieder und das Englische Löffelkraut (schön zu sehen in den Sommermonaten entlang der *Naturlehrpfade* in *Schobüll,* im *Westerhever-Vorland* und auf dem Weg zur *Hamburger Hallig*).

All diese Pflanzen werden mehrmals im Jahr »gesalzen«: vom Nordseewasser überflutet. Nun ist es bei den Pflanzen nicht anders als beim Menschen: Salz ist lebensnotwendig, zu viel Salz schadet. Bei all den Pflanzen vor dem Deich hat es die Natur so eingerichtet, dass das überschüssige Salz neutralisiert wird oder Blätter mit gespeichertem Salz abfallen.

Der Pionier auf der Salzwiese ist der Queller; diese fleischige Pflanze keimt sogar, wenn sie reichlich gesalzen wird. Und so steht sie an vorderster Front der Salzwiese – 30 cm unter der mittleren Hochwasserlinie (Pionierzone) wurzelt und wächst sie sogar im Schlick. Wird der Queller im Jahr zirka 700-mal überflutet, wird die so genannte untere Salzwiese (sie liegt 25 cm über der mittleren Hochwasserlinie) mit Andel und Strandaster 200-mal und die obere Salzwiese (50 cm über dieser Linie) mit Strandflieder und Löffelkraut nur 50-mal von der Flut heimgesucht. Es mag verlockend sein, durch dieses Bunt von Blüten zu spazieren, doch bleiben Sie auf den Wegen und erleben Sie die Vielfalt der Flora entlang der ausgeschilderten *Naturlehrpfade*.

Raststätte für Langstreckenflieger

Sie überwintern im Süden, machen sich dann im Frühjahr auf den Weg zu ihren Brutgebieten hoch im Norden; sie fliegen Tausende Kilometer über Kontinente und rasten – auf dem Globus winzig – im Wattenmeer zwischen Esbjerg in Dänemark und Den Helder in den Niederlanden.

Ein eiliger Gast im Watt ist der Knutt. Dieser kleine Langstreckenflieger landet im Mai an der Nordseeküste. Hinter ihm liegt dann eine Flugstrecke von 11 000 km! Gestartet an der südafrikanischen Atlantikküste, flog er drei Tage nonstop 7000 km, landete in Mauretanien, stärkte sich, startete Richtung französische Atlantikküste, gönnte sich hier eine Woche Pause, flog die restlichen 1000 km an einem Tag und landete schließlich im Watt.

Hier trippelt er über den Schlick und frisst und frisst, nimmt pro Tag 4 g zu. Nach drei Wochen hat der Knutt genug. Gestärkt startet er Anfang Juni Richtung Sibirien. Vor ihm liegen 4300 km. Die absolviert er locker in zwei Tagen. Hoch im Norden heißt es nisten und brüten. Sind die Jungen nach drei Wochen geschlüpft, starten die Eltern bereits wieder Richtung Süden. Und im August frisst der Knutt wieder im Watt, für ein paar Tage …

Weniger eilig haben es die Nonnengänse. Sie rasten während ihres Zuges zwischen Winterquartier und Brutgebiet mehrere Monate im Wattenmeer. Zu sehen sind die Gänse mit dem schwarz-weiß gezeichneten Kopf u. a. im *Beltringharder Koog*, im *Westerhever-Vorland* und auf den Salzwiesen der *Hamburger Hallig*. Sind sie bei ihrer Ankunft im März recht schlank, haben sie sich bis zur Weiterreise Ende April ein stattliches Hinterteil angefressen – genug »Treibstoff« für ihren Flug in die russische Arktis, wo sie brüten. Auf ihrem Rückzug gen Süden Anfang Oktober landen sie wieder: Zwischenstation Wattenmeer. Einige bleiben den Winter über hier; die meisten ziehen weiter.

MARCO POLO Highlights »Vor dem Deich«

★ **Hamburger Hallig**
Hallig mit Festlandanschluss (Seite 86)

★ **Katinger Watt**
Ein Watt, in dem Bäume wachsen (Seite 86)

★ **Wattführungen**
Was unter den Füßen krabbelt, erforschen, ganz viel frische Luft atmen und die unendliche Weite genießen (Seite 84)

Treuer Gast im Wattenmeer ist auch die Ringelgans. War sie einst bedroht, ist die Anzahl dieser Art wieder auf über 300 000 Individuen gestiegen. Landen Scharen von Gänsen zum Rasten auf den Halligweiden, hinterlassen sie einen derartigen Kahlschlag, dass der Staat den Bauern eine Entschädigung zahlt.

DAS WATT

Millionen Vögel

Fällt das Watt trocken, bietet sich vielen Vögeln ein gefundenes Fressen. Wobei sie hier nicht lange suchen müssen; es gibt reichlich Nahrung: Sandhüpfer und Schlickkrebse, von denen es auf und unter der Oberfläche nur so wimmelt, dazu Muscheln, zurückgebliebene Garnelen und Strandkrabben, aber auch die unterirdisch lebenden Wattwürmer.

Millionen Zugvögel rasten jedes Jahr im Watt – wie diese Knutts

Tausende von Vögeln kommen in diese Region zum Balzen, Brüten, Mausern. Die Gesamtzahl der Brutpaare wird auf etwa 90 000 geschätzt. Zusätzlich landen im Frühjahr und Herbst 2 Mio. Zugvögel im Wattenmeer, um sich hier für den Weiterflug ins Brutgebiet bzw. in ihr Winterquartier zu stärken.

Prominentester Küstenvogel ist die Silbermöwe. Ob im Hafen, am Strand, an Bord der Fähren: Wo etwas abfällt, die Allesfresser sind schon da. Im Wattenmeer stellen die Möwen Krebsen, Krabben und Muscheln nach, am Ufer vertilgen sie auch tote Fische, Tümmler und Seehunde. Einmal gepaart, bleiben sich Silbermöwen treu. Nur im Winter gehen die Gatten getrennt auf Nahrungssuche, im Frühjahr treffen sie sich wieder auf dem Brutplatz. Der auffällige rote Fleck am Schnabel ist für die jungen Möwen der »Futterknopf«. Picken sie auf diesen Punkt, würgen die Eltern die geforderte Nahrung heraus. Das silbergraue Federkleid bekommt die Möwe erst nach vier Jahren; dann erst ist sie geschlechtsreif, mausert sich und verliert die braun gesprenkelten Federn.

Zahlenmäßig wird die Silbermöwe von der Lachmöwe überflügelt. Sie trägt ihren Namen nicht, weil sie in den Lüften lacht. Vielmehr brütet diese Möwe auch an verschilften Seen, Teichen und eben Lachen. Während der Brutzeit ist die Lachmöwe leicht an ihrem schwarzbraunen Kopf zu erkennen.

Ist diese Zeit vorbei, verlieren die Vögel das dunkle Kopfgefieder. Was bleibt, ist ein dunkler Fleck hinter dem Auge.

Großes Geschrei im Watt macht der Austernfischer. Auch mit seinem schwarz-weißen Gefieder und dem orangefarbenen Schnabel zieht er alle Blicke auf sich. Eines aber kann er nicht: Austern fischen. Um diese Muscheln zu knacken, müsste er schwimmen und tauchen können, was nicht seine Disziplinen sind. Im Watt, auf Wiesen und Feldern stochert er nach verborgenem Getier. Seine Brutzeit fängt Ende April an. Wird während dieser Periode das Gelege gestört, beginnt er mit dem für ihn typischen Geschrei und warnt so seine Jungen, die sich dann regungslos an den Boden drücken; Eindringlinge ins Brutrevier werden von ihm mutig im Tiefflug attackiert.

Trickreiche Tiere

Das Wasser kommt, das Wasser geht. Im Sechsstundentakt ändern sich im Watt die Lebensbedingungen. Für Tiere eigentlich kein lebensfreundliches Revier. Dennoch kribbelt und krabbelt es in Schlick und Sand.

Muscheln, Würmer, Schnecken und Garnelen haben sich dem Milieu angepasst. So lange es nass genug ist, grasen Schnecken den Wattboden nach Algen ab; wird es ihnen zu trocken, graben sie sich ein. Auch dem Wattwurm wird es schnell zu sonnig, dann vergräbt er sich in seiner 25 cm tiefen U-förmigen Wohnröhre. Dabei frisst er sich förmlich durch die Sedimente, scheidet sie aus und hinterlässt an der Oberfläche ein geringeltes Häufchen Schlick.

Wer die Natur liebt, hält sich an diese Regeln

Auch Muscheln bleiben bei Ebbe lieber im Untergrund. Sie saugen mittels einer längeren Röhre den Wattboden nach feinsten Nahrungspartikeln ab. Droht Gefahr, wie etwa der Fuß eines Wattwanderers, wird die Röhre blitzschnell eingezogen, und ein winziger Wasserstrahl spritzt aus dem Sand. Kommt die Flut, graben die Muscheln sich wieder aus und lassen sich auf der Wasseroberfläche treiben. Nicht weniger trickreich passt sich die Miesmuschel dem Nass-Trocken-Rhythmus an. Sie bleibt, egal ob Ebbe oder Flut, wo sie lebt: auf der Muschelbank. Fällt diese trocken, macht sie dicht, ver-

Wenn es still wird im Watt: eine letzte Möwe im Abendlicht

schließt die Schalen und stellt die Atmung ein, vermindert den Herzschlag und überlebt die Trockenperiode. Es sei denn, der Mensch »erntet« sie. Bis zu 40 000 t Miesmuscheln enden jährlich im Kochtopf oder in Konserven. Da helfen auch keine Tricks.

Nationalpark

1985 war ein entscheidendes Jahr für die Nordseeküste Schleswig-Holsteins: Das Nationalparkgesetz wurde verabschiedet. Dieses Gesetz stellt das gesamte Wattenmeer unter Schutz, von der Landesgrenze im Norden bis zur Elbmündung. Es wurde so zum größten Nationalpark Mitteleuropas. Westlich, seewärts, ist der Nationalpark durch die Wattflächen und Sände begrenzt; binnen, landseitig, beginnt die Schutzzone 150 m vor dem Deich. Die Inseln und die fünf großen Halligen Gröde, Langeneß, Oland, Nordstrandischmoor und Hooge sind ausgenommen. Der Grund: Die Naturschutzauflagen würden für die Bewohner eine unzumutbare Beeinträchtigung ihres Lebens darstellen.

Im Gesetzestext »dient der Nationalpark dem Schutz und der natürlichen Entwicklung des schleswig-holsteinischen Wattenmeers und der Bewahrung seiner besonderen Eigenart, Schönheit und Ursprünglichkeit. Es ist ein möglichst ungestörter Ablauf der Naturvorgänge zu gewährleisten.« Andererseits sieht das Gesetz vor, »unzumutbare Beeinträchtigungen der Interessen und herkömmlichen Nutzung der einheimischen Bevölkerung zu vermeiden«. Ein Widerspruch? Jedenfalls wurde und wird noch heute eifrig gestritten. Den Naturschützern geht das Gesetz nicht weit genug, die Küstenbewohner fürchten um ihre Lebensgrundlage. So ist das Nationalparkgesetz letztendlich ein Kompromiss mit dem Ergebnis, dass der Park in drei Schutzzonen mit unterschiedlichen Nutzungsmöglichkeiten eingeteilt wurde.

Die am rigorosesten geschützte Zone 1, ein Drittel der gesamten

Fläche, ist selbst für Wattwanderer gesperrt. Es sind die wichtigsten Seehundbänke, die Brut-, Nahrungs- und Mauserplätze bedrohter Seevögel, wie z. B die Vogelschutzinseln Blauort und Trischen, sowie die Außensande. Allerdings ist es den Fischern in dieser Zone nach wie vor gestattet, mit ihren Kuttern Fische zu fangen und Muscheln zu ernten. In anderen Zonen des Nationalparks gehen die Nutzungsrechte und Ausnahmeregelungen noch weiter. So wird im Dithmarscher Watt (Zone 3) Erdöl gefördert, dürfen anderswo Militärflugzeuge über den Nationalpark fliegen. So ist und bleibt die Gesetzgebung ein Balanceakt zwischen Naturschutz und -nutzung. Eine ökologisch verträgliche Nutzung des Wattenmeers zu sichern, ist eine der Hauptaufgaben des Landesamts für den Nationalpark in Tönning; Auskünfte erteilen auch die anderen folgenden Infozentren:

Infozentrum Wiedingharde: Juni–Sept. Mo–Sa 9–18, So 10–17 Uhr, Okt.–Mai Mo–Fr 9–12, So 14.30–17 Uhr, Klanxbüll **[110 C3]**, *Toft 1, Tel. 04668/313, www.wiedingharder-infozentrum.de*

Naturzentrum Bredstedt: Mai bis Okt. Mo–Sa 14–17 Uhr, Bredstedt **[113 D1]**, *Bahnhofstr. 23, Tel. 04671/45 55*

Nationalpark Schleswig-Holsteinisches Wattenmeer: Mo–Do 9–16, Fr 9–14 Uhr, Tönning **[113 D5]**, *Schlossgarten 1, Tel. 04861/61 60*

NABU-Naturzentrum Katinger Watt: April–Okt. tgl. 10–18 Uhr, Katingsiel/Tönning, Tel. 04862/80 04, www.nabu-katinger-watt.de

Schutzstation Wattenmeer: Di/Do 14–18, Sa/So 10–18 Uhr, Friedrichskoog **[112 B4]**, *Am Hafen, Tel. 04854/16 48 u. 92 98*

IM WATT UNTERWEGS

Priele und anderes

Wenn das Wasser weg ist, bleibt eine »Flusslandschaft«: Wasserläufe und so genannte Priele, in denen das Wasser in die breiten Wattströ-

Auf ins Watt: Wer findet die schönsten Schnecken, die größten Muscheln?

Geh nie allein!

Das Verhalten im Watt

– Niemals bei auflaufendem Wasser eine Wattwanderung antreten. Ideale Zeit: zwei Stunden vor Niedrigwasser.
– Wattwanderung nur bei ruhigem Wetter und klarer Sicht. Wettervorhersagen beachten: Das Wetter kann schnell umschlagen.
– Bei Gewitter ist das Betreten des Wattenmeeres lebensgefährlich. Wasser und erhöhte Punkte ziehen Blitze an.
– Nie allein ins Watt gehen, nie ohne Uhr und Kenntnis der Hoch- und Niedrigwasserzeiten.
– Vor Beginn einer Wattwanderung sich unbedingt bei einer Person abmelden.
– Die Zeit für den Rückweg berechnen.
– Geeignete Kleidung mitnehmen wegen der Gefahr des Sonnenbrands, Sonnenstichs oder der Auskühlung bei starkem Wind.
– Ein Kompass kann Leben retten.

me fließt. Diese Ströme können 5 m und tiefer sein und sind zugleich die Fahrrinnen der Fähren. Auch die kleineren Priele führen bei Ebbe noch Wasser – in ihnen zu baden ist lebensgefährlich, da hier eine starke Strömung herrscht.

Schlick, Sand, schwarze Füße

Barfuß natürlich! Wer geht schon mit Schuhen oder gar Stiefeln ins Watt? Quillt der schwarze Schlick zwischen den Zehen, stechen Muschelsplitter, mag man sich Schuhwerk wünschen. Besser ist es, Sie gehen ohne. Es mag Ihnen niemand wünschen: Doch bleibt Ihr Schuh im Schlick stecken, stehen Sie da wie ein Storch im Watt. Was für eine Schweinerei! Und dass Sie in Ufernähe versacken, ist nichts Ungewöhnliches. Hier wird der Sand von dunkelblau-schwarzem Schlick überlagert, stellenweise knietief. Schlick ist ein wasserreiches Gemisch aus Ton und feinstem Sand und bleibt deshalb an Füßen und Waden haften.

Manch Wanderer guckt nach den ersten Metern im Watt etwas angeekelt und missmutig auf seine Füße. Keine Sorge, es wird besser. Denn je weiter Sie sich vom Ufer entfernen, umso fester wird der Boden. Das Schlickwatt geht dann über in das so genannte Sandwatt. Hier gibt es kein Versacken mehr. Das Watt ist fest, und die Dynamik des Wassers und der Strömung hat Rippen in den Sand modelliert. Ein Spaziergang über diese Sandrippen ist zugleich eine wohltuende Massage für die nackten Füße. Und alles bleibt sauber! Zurück jedoch müssen Sie wieder durch die Schlickwattzone, und danach heißt es: Füße waschen.

Wattführungen

★ An der Westküste gibt es etwa 100 Wattwanderführer. Informationen über Wattwanderungen erhalten Sie bei allen Kurverwaltungen, Touristinformationen und den folgenden Verbänden:

Nationalpark-Wattführerinnen und Wattführer (Touren an der gesamten Westküste, spezialisiert auf Gruppen), *Tel. 04861/616 70, www.wattenmeer-nationalpark.de*

Wattführergemeinschaft Dithmarscher Nordseeküste (Führungen unter anderem in Friedrichskoog und in Büsum), *Tel. 04832/32 62, www.watterleben.de*

Fachverband Wattführer »Wattenlöper« (Wanderungen an der gesamten Westküste), eine Liste der Touren gibt es bei *Boy Boysen, Klanxbüll, Tel. 04668/920 00* und bei *Walter Petersen Andresen, Dagebüll, Tel. 04667/466, www.wattwanderungen-halligerlebnis.de*

Schutzstation Wattenmeer (Führungen an der gesamten Westküste, viele Angebote für Kinder und Jugendliche), *Tel. 04331/236 22, www.schutzstation-wattenmeer.de*

Zudem sind Wanderziele und -zeiten (abhängig vom Gezeitenkalender) auf Holztafeln an folgenden Treffpunkten angeschlagen:

Büsum **[114 B2]**
Wattführung und Kinderwattführung. *Treffpunkt: Büsumer Sandstrand/Perlebucht an der Würfeluhr*

Dagebüll **[110 C5]**
Den Nationalpark kennen lernen mit einem Spaziergang entlang der Küste. *Treffpunkt: Touristinformation, Zentrale Dagebüll, Am Badedeich 1*

Friedrichskoog **[114 B4]**
Biologisch-geologische Wattführungen, Kinderwattführungen. *Treffpunkt: Zugang zum Hauptstrand*

Nordstrand **[112–113 C–D 2–3]**
Führung am Deich entlang. *April bis Okt. Do 11 Uhr, Treffpunkt: Badestelle Fulehörn*

Die Halligbewohner schützen ihre Salzwiesen mit solchen Lahnungen

Schobüll **[113 D2]**
Wanderung entlang des Nationalparks Wattenmeer. *Mitte Mai–Ende Okt. Di 11 Uhr, Treffpunkt: Nationalpark-Infopavillon Schobüll*

ZIELE IM WATT

Hamburger Hallig **[112 C1]**
★ Wanderer schwärmen von der Hamburger Hallig. Die Entfernung vom Festland (4 km) sei genau die richtige Distanz für einen Fußmarsch über den Damm. Zwei Hamburger Kaufleute kauften im 17. Jh. das Vorland Alt-Nordstrands, Ursprungsgebiet der Hamburger Hallig. Nur wenige Jahre später wurde das fruchtbare Weide- und Ackerland von der »Großen Mandränke« (1634) zerstört. Pellworm, Nordstrand, Nordstrandischmoor und die Hamburger Hallig sind Überbleibsel dieser Katastrophe.

Ein Ausflug auf die Hallig ist eine Expedition in die Welt der Vögel, denn hier piept so ziemlich alles, was im Watt zu Hause ist. Im Frühjahr und Herbst fressen sich auf den Salzwiesen 30 000 Nonnengänse fett.

Etwa 60-mal im Jahr heißt es auf der Hallig »Land unter«. Dann ist der Weg überflutet und gesperrt. Von Ostern bis Mitte Oktober ist der Damm auch für Autos befahrbar (eine gebührenpflichtige Schranke regelt den Verkehr), jedoch sind Kraftfahrzeuge im Naturschutzgebiet nicht gern gesehen.

Fußmüde Wanderer und erschöpfte Radfahrer können sich im Insider Tipp *Hallig Krog* stärken. Für den Wirt war der 17. Mai 2002 ein Feiertag: An diesem Tag wurde im Krog der Schalter umgelegt – die Hamburger Hallig ging ans Netz, bekam als letzte der bewohnten Halligen Strom. Zuvor mussten die Lammfrikadellen auf dem Gasherd gebraten werden, Strom für Licht, Lüftung und Kläranlage erzeugte ein lästig brummender Dieselgenerator. Damit ist seit diesem »Feiertag« Schluss, die Gäste können nun – bei schönem Wetter auch auf Holzbänken vor dem Krog – köstliche Kuchen und Lammspezialitäten in der Ruhe des Wattenmeers genießen. *Ostern–Okt. tgl. 10–21 Uhr, Tel. 04671/94 27 88, www.hallig-krog.de*

Katinger Watt **[112 C5]**
★ Dieses Watt (5 km von Tönning) ist etwas ganz Besonderes: ein Mosaik aus Laubwald und Schilfflächen, aus Überschwemmungswiesen, Tümpeln und Teichen, das man zu Fuß, mit Rad oder Pferd erkunden kann. Nach dem Bau des Eidersperrwerks (1973) fielen etwa 1500 ha Mündungswatt der Eider trocken; 1976 wurden die ersten Bäume gepflanzt. Dieses ungewöhnliche Nebeneinander von Wiese, Wald und Watt lockt viele Vogelarten an. Der Schafsberg, ein künstlich geschaffener Hügel mitten im Watt, war im Fall eines extremen Hochwassers Rückzugsgebiet für die Schafe. Heute, nach der Trockenlegung, steht dort ein 13 m hoher Aussichtsturm, von dem man mit Fernglas ausgerüstet die Vogelbrutstätten beobachten kann. Das *Naturzentrum Katinger Watt* mitten im Naturschutzgebiet bietet Watterkundungen, vogelkundliche Führungen, Fahrradtouren und Kindernachmittage an. *Lina-Hähnle-Haus, Katingsiel 14, Tel. 04862/80 04*

Ruhezone im Wattenmeer: Seehunde relaxen auf einer Sandbank

Südfall **[112 B3]**
Auf dieser nur 50 ha großen Hallig lebt einsam der Vogelwart mit seiner Familie. Wer ihn besucht, bekommt dort Würstchen und Kuchen. Nach Südfall kommt man nur mit erfahrenen Führern, entweder mit Pferd und Wagen oder zu Fuß. Wer sich kutschieren lässt, ist drei Stunden unterwegs, zu Fuß ist man gut fünf Stunden auf den Beinen (eine Stunde Aufenthalt). Insider Tipp Kutschfahrt ab *Fulehörn/Nordstrand: Anmeldung bei Familie Andresen, Tel. 04842/300, Mai–Okt., Fahrt 10 Euro. www.suedfall.de*

Watterkundung mit dem Schiff
Seetierfangfahrten, Wattwanderfahrten, Brunchfahrten, Krabbenfangfahrten, Kreuzfahrten durch die Halligwelt vorbei an den Seehundsbänken, mit Wattwanderung kombinierte Halligfahrten – die Kapitäne lassen sich einiges einfallen, um Landratten zu locken. Ein Törn kostet 10–22 Euro. An Bord gehen können Sie in Dagebüll *(www.faehre.de)* und in:

Büsum **[114 B2]**
Reederei H.G. Rahder, Tel. 04834/36 12, www.rahder.de

Nordstrand **[112 C3]**
Insel- und Halligreederei »Adler Schiffe«, Strucklahnungshörn, Tel. 04842/90 00-0, www.adler-schiffe.de

Schlüttsiel **[111 D5]**
– Halligreederei MS »Hauke Haien«, Kapitän Bernd Diedrichsen, Tel. 04841/814 81 u. 0171/770 58 77, www.wattenmeerfahrten.de
– MS »Seeadler«, Kapitän Heinrich von Holdt, Tel. 04674/15 35 u. 0170/771 99 94, www.seeadler1.de
– MS »Rungholt«, Kapitän Uwe Petersen, Tel. 04667/367, www.halligmeerfahrten.de

Tönning **[113 D5]**
»Adler Schiffe«, Tel. 04842/90 00-0, www.adler-schiffe.de

Auf Deichen und in Kögen

Die Touren sind in der Karte auf dem hinteren Umschlag und im Reiseatlas ab Seite 110 grün markiert

1 ÜBER ALTE DEICHE NACH DÄNEMARK

Diese rund 40 km lange Tour ist ein idealer Tagesausflug für Radfahrer. Sie führt von Niebüll über alte Deiche vorbei an blühenden Rapsfeldern (im Mai) bis zur dänischen Grenze – wenn Sie mögen, auch in das Königreich –, zum Nolde-Museum und zurück nach Niebüll. Nur die ersten Kilometer hinter Niebüll fahren Sie gen Westen, also möglicherweise gegen den Wind. Ansonsten bläst er von der Seite, und manchmal wird er Ihnen auch Anschub geben. Sollten Sie ins Schwitzen kommen, können Sie während einer Rast ein erfrischendes Bad nehmen.

Die Tour beginnt auf dem *Niebüller Rathausplatz* mitten in der Fußgängerzone. Hier folgen Sie dem Hinweisschild zum *Naturkundemuseum (S. 31).* Ein kurzes Stück in der Fußgängerzone müssen Sie Ihr Rad schieben, dann aber ist es erlaubt, entgegen der Einbahnstraße auf dem rot asphaltierten Streifen zu fahren. Vor dem Naturkundemuseum führt nach rechts eine kleine, unauffällige Straße zum Freibad. Hier biegen Sie ab. Nach zwei S-Kurven können Sie hinter Bäumen und Büschen *Niebülls Freibad (S. 32)* sehen. Dieser See ist einem Deichbruch zu verdanken. Es geschah am Weihnachtsabend 1593: Mit gewaltiger Wucht spülte das in den Koog strömende Wasser ein tiefes Loch ins Erdreich. Die Deichbauer konnten die Deichlinie seewärts um das Loch herum wieder schließen. Zurück blieb das mit Wasser gefüllte tiefe Loch im Koog – eine so genannte »Wehle«. Im Lauf der Tour werden Sie an einer noch größeren vorbeikommen.

Strahlt in schmuckem Weiß: der berühmte »Rote Haubarg«

Hinter dem Ortsschild beginnt die Weite der Köge: links von Ihnen – im Süden – der *Christian-Albrechts-Koog,* rechts – im Norden – der *Gotteskoog.* Er ist mit einer Fläche von 104 km² der größte Koog Nordfrieslands. Und spätestens jetzt werden Sie spüren, wie sehr Sie gegen den Wind in die Pedale treten müssen. Denn von nun ab geht es auf dem *Gotteskoogdeich* Richtung Westen. Dieser Deich wurde 1562–66 aufgeschüttet, und er hielt nicht nur das Wasser zurück,

Nicht nur Kühe grasen auf Nordfrieslands Weiden

er wurde zugleich die erste dauerhafte Landverbindung zwischen Niebüll und Emmelsbüll.

Wenn Sie wissen wollen, wie viele Kilometer Sie bereits mit dem Wind gekämpft haben, so stehen alle 200 m rechts am Straßenrand kleine, weiße Schilder mit der Kilometerzahl, die Sie seit Niebüll zurückgelegt haben. Am Kilometerpunkt 3,6 führt eine schmale Straße mit dem schönen Namen *Am Rollwagenzug* in den Koog; sie verläuft schnurgerade, parallel zu einem Sielzug. Dieser wurde 1623 erdacht und angelegt von dem holländischen Deichbaumeister Claas Jannsen Rollwagen und sorgte damals für die Entwässerung des Gotteskoogs. Für eine erste Rast empfiehlt sich die *Angelwehle* am Kilometerpunkt 6,0. Dieser See ist in fester Hand der Angler, die das Baden verbieten. Doch gegen ein Picknick hat hier niemand etwas einzuwenden.

Danach fahren Sie weiter auf dem Gotteskoogdeich bis zum Kilometerpunkt 7,0. Dort biegen Sie rechts ab in den *Wrewelsbüllweg.* Dieser schmale Asphaltweg führt hinunter in den Koog, und wenn der Raps blüht, tauchen Sie hier wahrlich in eine gelbe Flut. An der nächsten Weggabelung halten Sie sich links, kommen vorbei an einer bewaldeten Warft, auf der ein »Dreiseitenhof« steht (der Name erklärt sich beim Hinschauen von selbst), überqueren einen Sielzug und biegen an der nächsten Kreuzung rechts ab. Der Mitteldeich ist heute als Deich nicht mehr zu erkennen. Rechts und links stehen stämmige Ulmen, über Ihnen die vom Wind nach Osten geneigten Baumkronen. Vorsicht, die Straßen sind schmal und kurvig, rechnen Sie mit Gegenverkehr! Nach zirka 1 km fahren Sie rechts auf den *Hoddebülldeich* und dann 6 km bis nach *Neukirchen.* Auf dieser Strecke überqueren Sie die Bahnlinie Niebüll–Westerland, kurz danach die Klanxbüller Straße, und hier weist Ihnen das Schild »Nolde-Museum« den Weg. Sind Sie erschöpft und wollen auf einen Abstecher nach Dänemark verzichten, folgen Sie diesen Wegweisern.

Haben Sie Lust auf ein idyllisches Stück Nordfriesland, dann fahren Sie am *Hotel Fegetasch* am Ortsausgang von Neukirchen nicht rechts Richtung Nolde-Museum, sondern geradeaus auf der Straße *Beim Siel*. Nach gut 1 km biegen Sie in den *Neudamm* ein. Gesäumt von Wiesen und Pferdekoppeln, führt dieser beschauliche Weg bis zur dänischen Grenze. An der nächsten Kreuzung leitet Sie rechts eine kleine Steigung auf einen Deich. Linker Hand, hinter dem Weidezaun, dort beginnt Dänemark. Sie erreichen den *Grenzübergang Rosenkranz*. Das Zollamt steht leer, der Schlagbaum ist abgeschraubt. Kontrolle, das war einmal. In den Asphalt der Grenzstraße eingebettet, markiert ein Granitstein, wo hier genau die Grenze verläuft.

Sie haben Hunger? Dann bieten sich Ihnen zwei Möglichkeiten: diesseits des Grenzsteins deutsche Küche im *Alten deutschen Grenzkrug (Di Ruhetag, Tel. 04664/386, €–€€)* oder jenseits des Steins Insider Tipp Smørrebrød im *Rudbøl Grænsekro (tgl., Tel. 0045/74 73 82 63, €€–€€€)*. Auch wenn Sie keine üppig belegten Butterbrote oder eine Fischplatte essen wollen, sollten Sie die Grenze passieren. Der Blick auf den Ruttebüller See ist phantastisch! Hier bekommen Sie einen Eindruck von der Landschaft, die Emil Nolde einst faszinierte und inspirierte.

Wieder in Deutschland, folgen Sie dem Schild »Nolde-Museum«, kommen vorbei an zwei Supermärkten, die ihre Sonderangebote in Kronen anpreisen. Wenige Meter hinter dem zweiten Supermarkt führt links der für Autos gesperrte *Noldeweg* direkt zum Museum.

Und da steht es nun: Noldes Haus und Atelier. Ein klotziger Bau, gemauert aus düsteren, rotgrauen Steinen. Mit dem Dach, teils gewölbt, teils flach, wirkt *Seebüll* *(S. 34)* auf der Warft wie eine Burg im flachen Nordfriesland. »Hier ist unser Platz«, soll Ada Nolde während einer Wanderung ihrem Mann Emil gesagt haben.

Verewigt haben sich die beiden auch mit ihrem Garten. Kommen Ihnen die Wege rund um den Teich und zwischen den Blumenrabatten wirr vor, versteckt sich dahinter doch ein Prinzip: Aus der Vogelperspektive oder vom obersten Stockwerk des Museums aus gesehen, formen sich die Wege zu den Buchstaben A und E für Ada und Emil.

Suchen Sie sich einen schönen Platz auf den weiß gestrichenen Bänken, und lassen Sie die Seele baumeln zwischen all den Blumen und Blüten. Kaffee und Kuchen gibt es im *Museumscafé* *(S. 34)*. Zu empfehlen sind hier die Waffeln.

Der schnellste Weg zurück nach Niebüll führt über den *Revtoftweg* und die *Aventofter Straße*. Haben Sie es nicht eilig und Lust auf ein erfrischendes Bad, fahren Sie den Revtoftweg nicht Richtung Niebüll, sondern rechts nach Neukirchen. Nach 500 m weist ein Schild zum *Hülltoft-Tief*. In den Sommermonaten eine lauschige Badestelle und ein Picknickplatz mitten in Noldes Landschaft. Insider Tipp

2 ZUM WESTERHEVER LEUCHTTURM

Diese 60 km lange Tour führt von Husum entlang der Nordküste Eiderstedts durch die Köge zum Westerhever Leuchtturm und weiter nach St. Peter-Ording. Mit dem Auto ist diese Distanz ein beschaulicher Ausflug; steigen Sie aufs Fahrrad, sollten Sie fit sein: Da der Weg bis zum Leuchtturm ausschließlich gen Westen führt, wird Ihnen wohl der Seewind ins Gesicht blasen – Flaute ist auf Eiderstedt eher selten. Ab Westerhever können sich Ihre Waden erholen; von nun an radeln Sie im Windschatten des Seedeichs nach St. Peter-Ording, von dort bringt Sie der Zug zurück nach Husum. Sollten Sie den Gegenwind fürchten, ein Tipp: Beginnen Sie die Tour mit der Bahnfahrt von Husum nach St. Peter-Ording und radeln über Westerhever gen Osten – mit Rückenwind.

Der Ausflug beginnt im Binnenhafen von *Husum (S. 40)*. Sie verlassen die Stadt über den *Damm*, rechts das moderne Husumer Rathaus, links das Schifffahrtsmuseum. Gleich hinter der Bahnunterführung biegen Sie rechts ab Richtung Simonsberg. Sie kommen hier Husums Hässlichkeiten verdammt nah: links der Windpark, rechts die betongrauen Silotürme. Doch keine Sorge, durch die nächste »Stöpe« hindurch – der nordfriesische Ausdruck für Deichscharte, einen Einschnitt im Deich – haben Sie Husum hinter sich gelassen. Über die *Finkhaushallig* erreichen Sie den *Simonsberg-Koog*. Hier sehen Sie rechter Hand den ersten Haubarg. Nun sind Sie auf Eiderstedt.

An der nächsten Weggabelung weist ein Schild nach links zum *Roten Haubarg*, ein anderes nach rechts zur *Badestelle*. Gönnen Sie sich den Umweg an die Küste. Sie fahren auf einem Deich durch das beschauliche Dorf *Simonsberg*. Die Deichstraße endet am Außendeich an einem Buswendeplatz. Zeit für eine Pause: Bei Flut können Sie hier baden; herrscht Ebbe, haben Sie eine wunderbare Aussicht über den Heverstrom auf *Nordstrand (S. 47)*.

Insider Tipp

Zurück müssen Sie wieder durch Simonsberg, alle anderen Straßen sind Sackgassen. Am *Kirchspielskrug* fahren Sie den Deich hinunter und folgen dem Schild nach *Witzwort*. Auf der rechten Seite im *Adolfskoog* ist er nicht zu übersehen, der wuchtige *Rote Haubarg (S. 60)* auf seiner Warft, umgeben von stämmigen Bäumen. Eine Kaffee- oder Essenspause ist hier Pflicht.

Hoffentlich gut gestärkt, kehren Sie zurück auf die Hauptstraße. Nach 200 m führt eine Steigung hinauf auf den *Porrendeich*. Hinter *Uelvesbüll* werden Sie als Radfahrer auf eine harte Probe gestellt. Die schnurgerade Straße scheint endlos: links Wiesen, rechts der Deich, eingezäunt mit Stacheldraht und Eichenpfählen. Hunderte dieser Zaunpfähle müssen Sie hinter sich lassen. Eine Verschnaufpause lohnt sich am *Evershop-Siel*. Hier führt eine Treppe auf den Deich. Oben angekommen, können Sie weit übers Watt bis Pellworm und Nordstrand gucken. Interessant ist auch die Bronzeplatte am Schützenhaus des Siels. Sie zeigt das Mosaik der zahlreichen Köge und deren Entstehungsdaten.

Noch 5 km, dann haben Sie die »Zaunpfahletappe« geschafft; fahren Sie dann links nach *Osterhever.* Hier gibt es eine Bäckerei. Von Osterhever geht es weiter durch den Augustenkoog nach *Westerhever (S. 57).* Der Kirchturm der St.-Stephanus-Kirche, 1370 gebaut, ist der älteste Eiderstedts und diente bis zum Bau des Leuchtturms (1907) als Seezeichen.

Sie vermissen am Horizont den Leuchtturm? Sie sind zwar in Westerhever angekommen, doch damit noch lange nicht am Leuchtturm. Sie müssen noch weiter Richtung Westen. Endstation ist ein Parkplatz mit Souvenirshop, Würstchenbuden und Toilettenhäuschen. Der Turm lugt hier über den Deich, ist aber noch gut 3 km Fußweg entfernt. Wollen Sie mit Kindern bis zum Turm, empfiehlt es sich, einen Bollerwagen zu mieten. Solch ein Gefährt ist absolut matsch- und watttauglich. Rauf auf den Turm können Sie nur nach Voranmeldung bei der *Tourismuszentrale Eiderstedt (Tel. 04862/469).* Dann geht ein pensionierter Leuchtturmwärter – der Turm ist seit 1972 computergesteuert – mit Ihnen hinauf bis in die Turmspitze. Köstliche und kuschelige Andenken gibt es bei der *Schäferei Willi Hinz (Tel. 04865/90 19 18).* Insider Tipp

Weiter Richtung St. Peter-Ording haben Sie zwei Möglichkeiten: Sie treten buten – auf der Seeseite des Deichs – in die Pedale, stets den Leuchtturm im Blick, oder binnen, im Windschatten des Deichs. Die asphaltierten Wege führen entlang der *Tümlauer Bucht* über Salzwiesen und Weiden. So wird ihnen gelegentlich ein Gatter den Weg versperren. Vergessen Sie nicht, es wieder zu schließen; der Schäfer wird es Ihnen danken. Angekommen in *St. Peter-Ording (S. 55),* verladen Sie Ihr Rad in den Zug (3 Euro). Der fährt stündlich und bringt Sie in fünfzig Minuten zurück nach Husum.

Eiderstedt: schnurgerade Straßen, weiter Blick nach allen Seiten

Sport binnen und buten

Vor und hinter dem Deich gibt es allerlei Möglichkeiten, sich auszutoben

Schwimmen, Segeln, Surfen, Strandspiele, all das geht und gibt es buten, also vor dem Deich. Binnen laden die glatt asphaltierten Wege dazu ein, auf zwei Rädern oder acht Rollen durch die Köge zu sausen. Und im Land gibt es zahlreiche Seen und Flüsse, ideale Reviere für Kanuten, Paddler und Binnenskipper. Die Angler nicht zu vergessen, die in Sielzügen und an Schleusen ihr Glück versuchen können. Wer es wagt, kann im flachen Marschland in die Höhe klettern – 40 m hinauf auf eine Windmühle. Natürlich wird binnen auch Golf und Tennis gespielt, können Sie Pferde und Ponys reiten, an einigen Orten auch buten, dann heißt es im Galopp den Strand entlang.

ANGELN

Die Westküste ist ein Anglerparadies. Hier haben Petrijünger alle Möglichkeiten: Brandungsangeln, Hochseeangeln, Fischen in Seen, Sielzügen und Flüssen. Grundsätzlich brauchen Sie, egal wo Sie den Köder hineinwerfen, einen Fischereischein. Für die meisten Binnengewässer müssen Sie zusätzlich einen Erlaubnisschein kaufen. Näheres erfahren Sie in den Touristinformationen oder in Angelgeschäften.

St. Peter-Ording ist ein beliebtes Revier für Windsurfer

Hochseeangeln (Kabeljau) von *Büsum* aus: *Clausen, Tel. 04834/ 82 58, und Jasper, Tel. 0481/ 643 43.* Beliebte Reviere in der Nähe von *Bredstedt* sind die *Arlau* und die *Ostenau* (Aal, Hecht, Forelle, Zander). Bei *Friedrichstadt* sind es die *Eider,* die *Treene und* die *Sorge* (Aal, Lachs, Wels, Schleie). Um *Meldorf* herum gibt es die *Miele,* die *Süderau,* die *Wolmersdorfer Tonkuhle,* das *Barsflether Gewässer* (von Aal bis Zander). *Auskunft: H. Paech, Westerstr. 11, Meldorf, Tel. 04832/21 06.*

Im Norden Nordfrieslands gibt es fischreiche Auen *(Lecker Au, Soholmer Au, Karlumau),* in denen man sogar Meerforellen fangen kann, und jenseits der deutsch-dänischen Grenze den *Ruttebüller See.* (Karpfen). *Auskunft: Pörksen Angelsport, Aventoft-Rosenkranz, Tel. 04664/95 15 10*

BOSSELN

Beim Boßeln oder Klootschießen (so heißt der Sport in Ostfriesland) geht es darum, eine mit Blei gefüllte

In Nordfriesland macht das Angeln nicht nur an der Küste Spaß!

Holzkugel möglichst weit zu werfen. Früher traten die Männer der Dörfer gegeneinander an. Frauen dürfen offiziell erst seit den Fünfzigerjahren zur Kugel greifen. Heute wird in Vereinen geboßelt. Wer es mit den Einheimischen aufnehmen möchte, sollte im Touristbüro fragen.

FAHRRAD FAHREN

Die »North Sea Cycle Route« ist der längste ausgeschilderte Fahrradweg der Welt. Er umrundet die Nordsee, führt durch sieben Länder. An der schleswig-holsteinischen Nordseeküste beginnt er in Brunsbüttel und führt, meist parallel zur Küste, am Deich entlang nach Dänemark. Der Radweg ist, wie auch andere Radwege in der Region, gut ausgeschildert. *www.northsea-cycle.com*

Wollen Sie »einfach mal so« in die Pedale treten, denken Sie an den Wind: Planen Sie Ihre Radtouren so, dass Sie auf dem Rückweg, wenn Sie erschöpft sind, den Wind im Rücken haben. Wem Touren zu anstrengend sind und wer nur spazieren fahren möchte, der kann wunderbar auf den asphaltierten Wegen seeseits des Deichs radeln, Räder kann man überall ausleihen.

GOLF

An der Westküste Schleswig-Holsteins gibt es sechs Golfclubs. Wer sein Handicap kennt, darf auf allen Anlagen ohne Probleme Bälle schlagen. Für Neugierige und Anfänger gibt es kostenlose »Schnupperkurse«, und auf Kurzplätzen in Apeldör und Donner Kleve kann man auch ohne Mitgliedschaft golfen.

Golfclub Gut Apeldör, 18-Loch, Hennstedt, Tel. 04836/99 60-0, www.gutapeldoer.de

Golfclub Am Donner Kleve, z. Zt. 9-Loch, St. Michaelisdonn, Tel. 04853/88 09 09, www.golf-am-donner-kleve.de Insider Tipp

Golfclub Hof Berg, 18-Loch, Stadum, Tel. 04662/705 77, www.gc-hofberg.de

Golfclub Husumer Bucht, 18-Loch, Schwesing, Tel. 04841/722 38, www.gc-husumer-bucht.de

Golfclub Dithmarschen, 18-Loch, Warwerort, Tel. 04834/96 04 60, www.gc-dithmarschen.de

INLINESKATEN

Insider Tipp Die glatten Asphaltwege vor und hinter dem Deich sind ideale Pisten für Rollerblades. Doch Vorsicht, manch ein Skater ist hier schon auf Schafsmist ausgerutscht. Skaterhochburg ist *Nordstrand*. Hier finden jährlich am Himmelfahrtswochenende der »Nordsee-Marathon« und das »Family-Skating« statt; Auskunft: *Kurverwaltung, Tel. 04842/454. www.nordfriesland-skating.de*

KANU

Auf Flüssen, den breiten Sielzügen und Seen ist Kanufahren erlaubt. Beliebtes Revier ist der *Bottschlotter See* bei *Fahretoft*, 10 km südlich von Niebüll. Informationen: *Kanu-Service Südtondern, Tel. 04674/865, www.kanu-service.de*

REITEN

Die örtlichen Reitervereine organisieren Ausritte für Erwachsene, Voltigieren und Ponyreiten für Kinder. Besonders reizvoll ist ein Ausritt am Strand und Watt. Informationen gibt es in *Bordelum* bei *Bredstedt* vom *Reit- und Fahrverein, Tel. 04671/29 49*, in *Heide* bei der *Reitschule am Moor, Süderholm, Tel. 0481/55 85*, in *St. Peter-Ording* beim *Reitstall »Drei Lilien«, Zum Südstrand, Tel. 04863/24 01*, und in *Süderlügum* bei *Wollensen's Reiterhof, Tel. 04663/303.*

SEGELN

Segel hissen kann an der Nordseeküste nur, wer sein eigenes Boot mitbringt. Einziger tideunabhängiger Hafen ist Büsum. Binnenreviere sind die Eider und der Nord-Ostsee-Kanal. Informationen: *Büsumer Segelverein, Tel. 04834/29 97*, und *Meldorfer Segelverein, Tel. 04832/14 48, www.msv-meldorf.de*. Segelscheine erwerben und Törns buchen kann man bei der *Husumer Segelschule, Tel. 04841/30 52.*

SURFEN

Das Surfermekka an der Festlandküste ist auf Eiderstedt der *Tümlauer Koog* und – mit Brandung – *St. Peter-Ording*. Andere Gewässer im Binnenland sind eher zahm und für Anfänger geeignet. Informationen: *St. Peter-Ording, Surfakademie, Tel. 04841/633 21; Meldorf, Wassersportcenter, Tel. 0179/452 00 16, www.action-surf-meldorf.de; Schobüll, Nordfriesland-Surfer, Alte Dorfstraße, Tel. 04841/631 03 o. 712 56*

WINDMILLCLIMBING

Schwindelfrei sollten Sie sein, wenn Sie in der Marsch den Aufstieg wagen. Mit speziellem Sicherheitsgeschirr können Sie an der Außenleiter ein Windrad erklimmen. Insider Tipp Von oben haben Sie in zirka 40 m Höhe eine phantastische Aussicht. Anmeldung und Treffpunkt: *Infozentrum Wiedingharde; Toft 1, Klanxbüll, Tel. 04668/313, www.wiedingharder-infozentrum.de*

»Mama, Papa, was machen wir heute?«

Entdecker im Museum oder Pirat im Wellenbad – auch ein Regentag kann gerettet werden

Das aufgeblasene Gummikrokodil geschultert, Eimerchen, Schaufel und Sandformen in der linken Hand, in der rechten die Tasche, gefüllt mit Strandzubehör: Bücher, Zeitung, Sonnenmilch, Kekse, Saft und unter dem Arm zusammengerollt der Windschutz plus Sonnenschirm. Mamas und Papas schleppen einiges über den Deich an den Strand, denn sie wissen, ihre Mühe wird belohnt. Steckt der Schirm erst einmal im Sand, sind die Matten ausgerollt und die Kinder eingecremt, ist die Frage »Was machen wir heute?« für diesen Urlaubstag geklärt. Doch was, wenn bis zum Frühstück die Sonne nicht in Sicht ist, die Strandtasche im Schrank bleiben muss?

»Spazieren gehen!«, diese klassische Mama-Papa-Idee finden Kinder bekanntlich nur selten cool. Ein Ersatzprogramm muss her, eines, das gelangweilte Kindermienen aufheitert. Keine Sorge, auch ein grauer Nordseetag kann gerettet werden. Unter dem Motto »Sehen, Staunen, Spielen, Streicheln« gibt es entlang der Küste für jeden etwas zu entdecken.

Spannend: bei Ebbe mit dem Kescher auf Entdeckungstour gehen

Die Kurverwaltungen und Tourismuszentralen halten den »Kinderpass« oder die »Mc Cart« bereit. Damit gibt's für Kinder bei vielen Veranstaltungen günstigen Eintritt.

NORDFRIESLANDS NORDEN

Friesisches Museum Niebüll [111 D4]

Insider Tipp

Dieses Bauernhaus ist rund 200 Jahre alt. Ob Besen oder Bett, Lampe oder Löffel, Teekanne oder Tisch – alles stammt aus einer anderen Zeit. Während einer Führung werden spannende Geschichten erzählt. *Juni–Sept. tgl. 14–16 Uhr oder nach tel. Vereinbarung, Osterweg 76, Tel. 0175/414 61 85, Eintritt 2 Euro, Schüler 1 Euro*

Naturkundemuseum Niebüll [111 D4]

Was einem in der Natur nur mit viel Glück und noch mehr Geduld gelingt, ist hier kein Problem: ein Bienenvolk bei der Arbeit beobachten, Tiere und Pflanzen aus der Nähe betrachten und ihre Laute vom Tonband hören. *April–Okt. tgl. 14–17.30 Uhr, zusätzliche Führungen n. V., Hauptstr. 108, Tel. 04661/56 91, www.nkm-niebuell.de, Eintritt 2,50 Euro, Kinder 1 Euro*

HUSUM & HUSUMER BUCHT

Kindermuseum **[U B3]**
Omas und Opas Spielzeug ist hier ausgestellt, die Kids können sich auf eine alte Schulbank setzen oder im alten Krämerladen einkaufen. *Tgl. 10–18 Uhr, Wasserreihe 52, Eintritt frei*

NordseeMuseum Husum **[U B3]**
Selber einen Deich bauen und sehen, ob er hält? Der Spielplatz draußen ist für kleine und große Deichbauer. Drinnen erfährt man, wie die Menschen früher hinterm Deich gewohnt und gearbeitet haben. *April bis Okt. tgl. 10–17, Nov.–März Di–Fr/So 10–16 Uhr, Herzog-Adolf-Str. 25, Tel. 04841/25 45*

EIDERSTEDT

Dünen-Therme St. Peter-Ording **[U B5]**
Durch die Schlangenröhre in das warme Wasser rutschen oder durch Wellen tauchen. Mittwochs von 15 bis 18 Uhr gibt es speziell für Kids einen Spaßnachmittag. *April–Okt. Mo–Sa 9.30–22, So 10–19 Uhr, Nov.–März Mo–Sa 14–22, So 10–19 Uhr, Marleens Knoll, www.duenen-therme.de, Eintritt (mit Gästekarte) 5,70 Euro, Kinder 3,30 Euro, Familien 15,50 Euro*

Multimar Wattforum Tönning **[113 D5]**
Hier können die Kids einen ganzen Tag verbringen, hier dürfen sie mitmachen und alles ausprobieren: Seepferdchen, Fische, Muscheln, Krebse ganz nah erleben – wer sich traut, darf sie auch anfassen – oder mit Unterwasserkameras, Computern und Mikroskopen die Welt des Meeres erforschen. Es gibt einen Spielplatz sowie Veranstaltungen und Termine speziell für Kinder! *April–Okt. tgl. 9–19, Nov.–März 10–17 Uhr, Am Robbenberg, Tel. 04861/962 00, www.multimar-wattforum.de, Eintritt 8 Euro, Kinder 5,50 Euro, Familien 24 Euro*

Westküstenpark & Robbarium St. Peter-Ording **[U E4]**
Schafe, Ziegen, Esel, Kaninchen, Meerschweinchen und viele andere Tiere darf man hier streicheln und füttern. Attraktion ist das »Robbarium«, in dem fünf Seehunde ihre Kunststücke zeigen. Zum Toben gibt's den Naturspielplatz. *April bis Okt. tgl. 9.30–19, Nov.–März 10.30 Uhr bis zur Dunkelheit, Wohldweg 6, www.westküstenpark.de, www.robbarium.de, Eintritt 8 Euro, Kinder 5,50 Euro, Familien 21 Euro*

DITHMARSCHEN

Atrium/Schleusenanlage Brunsbüttel **[115 D5]**
Ob der dicke Pott da durchpasst? Von zwei Aussichtsplattformen kann man zuschauen, wenn es um Zentimeter geht. Im *Atrium*, dem Schleusenmuseum, gibt es auch Schiffsmodelle zu sehen. *15. März bis 15. Nov. tgl. 10.30–17 Uhr, Eintritt 1,50 Euro, Kinder 1 Euro*

Piratenmeer Büsum **[114 C5]**
Im Piratenmeer tosen die Wellen, auf der Schatzinsel ist es herrlich warm (Sauna), »Long John Silver« heißt eine 110 m lange Rutsche, und ausruhen können sich kleine und große Piraten am Takka-Tukka-Strand. *April–Okt. Mo–Sa 9.30–22, So 10–19 Uhr; Nov.–März Mo–Sa 14–22, So 10–19 Uhr, Süd-*

Die Sonne lacht, das Eis ist groß genug – was will kind mehr?!

strand 9, www.piratenmeer.de, Eintritt (mit Gästekarte) 5,50 Euro, Kinder 3 Euro, Familien 17 Euro,

Dithmarscher Landesmuseum Meldorf [114 C3]
Womit haben die Kinder vor 100 Jahren gespielt? Wie fängt ein Kutter Krabben? In diesem Museum gibt es alte Kinderzimmer, Spielzeuge, Feuerwehren und eine Schulklasse aus dem 20. Jh. *Mo–Fr 10–16.30, Sa/So 11–16 Uhr, Bütjestr. 2-4, Eintritt 2,50 Euro, Kinder 1 Euro, Familien 4,50 Euro*

Land & Leute Erlebnispark Oesterwurth [114 B1]
Bei Wesselburen versprechen Spielplätze, Ruderboote, Autoskooter, Gokart, Seilbahn, Modelleisenbahn, Ponyreiten und viele Tiere aus dem Bauernhof Action für einen ganzen Tag. *April–Okt. tgl. 9–18 Uhr, www.land-und-leute-erlebnispark.de, Eintritt 8 Euro, Kinder 7 Euro*

Seehundstation Friedrichskoog [114 B4]
Seehunde live erleben. Die Tiere hautnah am und unter Wasser beobachten. Damit Jungtiere nicht gestört werden, sind Videokameras installiert. Die Attraktion heißt »Kurt«: ein überdimensionaler Seehund, in den man hineingehen kann, um z. B. seine Rippen zu zählen. *März bis Okt. tgl. 9–18 Uhr, Fütterung 10.30 u. 17.30 Uhr; Nov.–Feb. tgl. 10–17.30 Uhr, Fütterung 10.30 u. 16 Uhr; An der Schleuse 4, www.seehundstation-friedrichskoog.de, Eintritt 3,50 Euro, Kinder 2,50 Euro*

Waldmuseum Burg [115 D4]
Vögel beim Brüten beobachten, Tierstimmen erkennen oder erfahren, wie alt dieser Baum ist und welche Pilze man lieber nicht essen sollte. *April–Okt. Di–So 10–12 u. 14–17 Uhr, Obere Waldstraße, www.waldmuseum.de, Eintritt 2 Euro, Kinder 1 Euro*

Angesagt!

Was Sie wissen sollten über Trends, die Szene und Kuriositäten an der Nordseeküste

Zeltfeste
Im Frühjahr beginnt die Saison. Dann kleben die Plakate an den Laternenmasten mit dem Aufruf zum »Zeltfest«. Auf der grünen Wiese wird ein Zelt aufgeschlagen, Bänke und Tische hineingeschleppt, genügend Flaschen kalt gestellt und eine wattstarke Musikanlage installiert. Und dann heißt es für einen Abend: trinken, tanzen und wieder trinken. Nein, beschaulich geht es im Zelt nicht zu. Natürlich dürfen auch Touristen unter die Zeltplane, doch Zeltfeste sind Events der Einheimischen. Auswärtige bleiben Gäste.

Treffs
Treffpunkte gibt es im kleinsten Dorf. Ein Treff, das kann der Brunnen auf dem Markt sein, der Steg am See, die Eiche auf der Weide oder das Häuschen an der Bushaltestelle. Hier trifft man sich, weil ganz klar ist: Die anderen sind auch da. Während der Saison, wenn die Touristen kommen, sind diese Treffs Fluchtpunkte – hier bleibt man unter sich und hat seine Ruhe.

Ringstechen
Traditionell wird mit der Lanze vom Pferderücken aus versucht, einen kleinen Ring, der von einem Galgen hängt, zu stechen. Mangels Pferd haben sich andere, »moderne« Disziplinen entwickelt. Die Kleinen rennen auf Kindergeburtstagen oder versuchen es vom Fahrradsattel aus; die Älteren lehnen sich aus dem Auto oder führen die Lanze vom Traktor aus. Hoch konzentriert mit zielsicherem Blick und ruhiger Hand, mehr oder weniger schnell, gibt es für alle nur ein Ziel: den kleinsten Ring stechen und König werden.

Cruisen
Was in der Stadt der Schaufensterbummel, ist auf dem Land die Fahrt durch den Ort; vielleicht mit einem Ziel, das muss es aber nicht geben. Nur mal so durch das Dorf, an den Deich, in die nächstgelegene Stadt – mal gucken, was sich dort tut. Die Jungen fahren mit lauter Musik, die Älteren langsam. Aussteigen? Nein, der Spaß besteht darin, ziellos durch die Gegend zu cruisen.

Von Anreise bis Zoll

Hier finden Sie kurz gefasst die wichtigsten Adressen und Informationen für Ihre Reise an die Nordseeküste Schleswig-Holsteins

ANREISE

Auto

Mit dem Auto haben Sie drei Möglichkeiten, an die Nordseeküste zu kommen: 1. Sie bleiben hinter dem Elbtunnel auf der Autobahn A 7 Hamburg–Flensburg, fahren bis zur Abfahrt Schleswig/Schuby, weiter auf der B 201 nach Husum; oder Sie fahren bis zur letzten Ausfahrt vor der Grenze und kommen über die B 199 nach Leck bzw. Niebüll. 2. Entspannter, weil seltener Staus, ist die Fahrt auf der A 23 Hamburg–Heide und weiter auf der B 5 Richtung Norden. 3. Mögen Sie es ganz gemächlich, dann verlassen Sie die A 23 hinter Itzehoe (Ausfahrt Brunsbüttel) und bummeln über die Dörfer Richtung Heide.

Bahn

Der IC der Deutschen Bahn bringt Sie nach Heide (Anschluss nach Büsum), Husum (Anschluss nach St. Peter-Ording) und Niebüll (Anschluss nach Dagebüll). Die Züge der Nord-Ostsee-Bahn (NOB) halten auch in den kleineren Orten.

AUSKUNFT

Auskunft vor der Reise

Nordsee-Tourismus-Service GmbH, Zingel 5, 25806 Husum, Tel. 04841/897 50, Fax 48 43, www.nordseetourismus.de

Auskunft am Urlaubsort

Bei den Kurverwaltungen der Urlaubsorte bekommen Sie Informationsmaterial, Gastgeberverzeichnisse und Veranstaltungshinweise. Einen Überblick über Wissenswertes in den Regionen haben die zentralen Touristinformationen:

Touristinformation, Zentrale Dagebüll, Am Badedeich 1, 25899 Dagebüll, Tel. 04667/950 00, Fax 455, www.halligland.de

Tourismus und Stadtmarketing Husum GmbH, Historisches Rathaus, Großstr. 27, 25813 Husum, Tel. 04841/898 70, Fax 89 87 90, www.husum-tourismus.de

Tourismus-Zentrale Eiderstedt e.V., Markt 26, 25836 Garding, Tel. 04862/469, Fax 12 25, www.tz-eiderstedt.de

Dithmarschen-Tourismus, Markt 10, 25746 Heide, Tel. 0481/212 25 55, Fax 212 25 50, www.dithmarschen-tourismus.de

BADEN

Baden in der Nordsee ist nicht ungefährlich. Wind und Strömung haben ihre Tücken. An bewachten Badestränden informieren die DLRG-Stationen über Gefahren und Baderegeln. Wird dort ein roter Ball gehisst, sollten Sie nur unter Aufsicht baden, bei zwei Bällen herrscht Badeverbot.

BUSSE

Einige Buslinien nehmen in der Saison Fahrräder mit. Informationen erhalten Sie kostenlos bei *Nordfriesland Regional, Tel. 01802/ 84 53 00, www.nordfrieslandbus.de* und bei *Dithmarschen Bus, Tel. 01802/30 12 40, www.dithmarschenbus de.*

CAMPING

Entlang der Küste gibt es zahlreiche Campingplätze. Jedoch sind viele Stellplätze für Dauercamper reserviert. In der Hochsaison empfiehlt es sich daher, frühzeitig zu buchen. Eine Übersicht über sämtliche Campingplätze gibt die *Nordsee-Tourismus-Service GmbH* heraus.

FÄHREN

Fährhäfen für die Inseln Amrum, Föhr und die Halligen sind Dagebüll und Schlüttsiel. Infos und Tickets gibt es bei der *Wyker Dampfschiffs-Reederei, Tel. 01805/ 08 01 40, www.faehre.de.*

Pellworm erreicht man mit der Autofähre ab Nordstrand. Auskunft: *NPDG-Reederei Pellworm, Tel. 04844/753, Fax 354, www.faehre-pellworm.de*

Für alle Fähren gilt: in der Saison frühzeitig reservieren!

FKK

Nacktbaden ist an der Nordseeküste grundsätzlich nicht verboten. An den meisten Stränden gibt es eine ausgewiesene FKK-Zone. Die Hallenbäder haben Extrazeiten für hüllenloses Baden.

GEZEITEN

Wo ist das Meer? Wann kommt es zurück? Antworten auf diese Fragen gibt der Gezeitenkalender. Kostenlos gibt's die Ebbe-und-Flut-Tabelle bei den Touristinformationen. Wer schon vor seinem Urlaub wissen möchte, wann das Meer »da ist«, erfährt die Gezeiten für die deutsche Nordseeküste auf der Website des Bundesamts für Seeschifffahrt und Hydrographie, *www.bsh.de.*

HUNDE

Viele Strände und Deichabschnitte sind für Hunde Sperrgebiet, oder sie müssen an der Leine geführt werden. Wo sich Ihr vierbeiniger Gefährte austoben darf, erfahren Sie bei den Touristinformationen.

INTERNET

Unter dem Suchbegriff »Nordsee« wird Ihre Suchmaschine viele Seiten finden. Informativ für Urlauber sind die Website *www.nordseetourismus.de* und die Internetseiten der Regionen (s. unter »Auskunft«).

INTERNETCAFÉS

– *Computer Lütje, Süderstraße 4, Heide, Tel. 0481/689 90, Mo–Fr 9–18, Sa 9–14 Uhr, www.luetje.de*
– *Zentralbücherei Husum, Herzog-Adolf-Str. 5, Husum, Tel. 04841/891 86, Mo, Di, Do, Fr 10–13.30 u.14.30–18.30, Sa 10–12.30 Uhr, www.buecherei-husum.de*

Was kostet wie viel?

Bier	**2 Euro** für 0,3 l vom Fass
Kaffee	**1,70 Euro** für eine Tasse
Pharisäer	**4 Euro** für eine Tasse
Strandkorb	**7 Euro** Miete für einen Tag
Souvenir	**25–34 Euro** für ein Fischerhemd
Imbiss	**2,50–3,80 Euro** für ein Fischbrötchen

KLEIDUNG

Ohne Ihnen die Laune verderben zu wollen – die Regenjacke ist Pflicht, und auch Pullover oder Strickjacke sollten Sie einpacken, denn bei Wind kann es abends rasch kühl werden. Ebenfalls ins Gepäck gehört eine Sonnencreme mit hohem Lichtschutzfaktor. Die UV-Strahlung ist auch bei Wind und Wolken nicht zu unterschätzen.

KURTAXE & KURKARTE

Die Kurtaxe ist in den Badeorten die Eintrittskarte zum Strand, zugleich bietet die Kurkarte viele Vergünstigungen und vielerorts ermäßigten Eintritt. Die Höhe der Abgabe ist von Ort zu Ort verschieden: So beträgt sie in Dagebüll 2 Euro für die Strandbenutzung; in St. Peter zahlt man in der Hauptsaison generell 2,50 Euro pro Tag und Person (Kinder frei).

NOTRUFE

Polizei: *110;* Rettungswagen, Notarzt: *112;* Telefonnummern lokaler Feuerwehr- und Rettungsstationen stehen auf Schildern am Zugang zum Strand und bei der DLRG.

PREISE

Grundsätzlich ist der Urlaub auf dem Festland preiswerter als auf den Inseln. Nähern Sie sich der Küste, steigen die Preise – teuer sind St. Peter-Ording und Büsum. Bleiben Sie im Binnenland und nehmen die Fahrt an den Strand in Kauf, schonen Sie die Urlaubskasse.

PRESSE

Über Aktuelles aus der Region informieren: »Nordfriesland Tageblatt«, »Husumer Nachrichten«, »Dithmarscher Rundschau«, »Marner Zeitung«, »Brunsbütteler Rundschau« – all diese Zeitungen werden vom Schleswig-Holsteinischen Zeitungsverlag herausgebracht. Lediglich in Dithmarschen gibt es mit der »Dithmarscher Landeszeitung« eine veritable Konkurrenz.

WETTER

Das Ferienwetter erfahren Sie beim Deutschen Wetterdienst *(Telefonansage: 0900/111 64 03)* und auf den Websites der einzelnen Orte.

ZOLL

Fahren Sie nach Dänemark, wird der Zoll Sie nicht aufhalten. Dennoch sollten Sie Ihren Personalausweis dabeihaben.

Wetter in St. Peter-Ording

	Jan.	Feb.	März	April	Mai	Juni	Juli	Aug.	Sept.	Okt.	Nov.	Dez.
Tagestemperaturen in °C	2	3	6	10	15	18	19	20	17	13	8	4
Nachttemperaturen in °C	-2	-2	0	3	7	11	13	13	11	7	3	0
Sonnenschein Std./Tag	1	2	4	6	8	8	7	7	5	3	2	1
Niederschlag Tage/Monat	12	8	8	9	8	8	11	12	12	12	14	13
Wassertemperaturen in °C	1	1	3	7	12	16	18	18	15	11	6	3

Reiseatlas Nordseeküste

Die Seiteneinteilung für den Reiseatlas finden Sie auf dem hinteren Umschlag dieses Reiseführers

Kartenlegende Reiseatlas

Deutsch	Symbol	English
Autobahn mit Anschlussstelle und Anschlussnummer	Idstein 45 Viernheim	Motorway with junction and junction number
Autobahn in Bau mit voraussichtlichem Fertigstellungsdatum	Datum Date	Motorway under construction with expected date of opening
Rasthaus mit Übernachtung · Raststätte	"Kassel"	Hotel, motel · Restaurant
Kiosk · Tankstelle		Snackbar · Filling-station
Autohof · Parkplatz mit WC	P	Truckstop · Parking place with WC
Autobahn-Gebührenstelle		Toll station
Autobahnähnliche Schnellstraße		Dual carriageway with motorway characteristics
Fernverkehrsstraße		Trunk road
Hauptverbindungsstraße		Important main road
Verbindungsstraße		Main road
Nebenstraßen		Secondary roads
Fahrweg · Fußweg		Carriageway · Footpath
Gebührenpflichtige Straße		Toll road
Straße für Kraftfahrzeuge gesperrt		Road closed for motor vehicles
Straße für Wohnanhänger gesperrt		Road closed for caravans
Straße für Wohnanhänger nicht empfehlenswert		Road not recommended for caravans
Autofähre		Car ferry
Hauptbahn · Bahnhof · Tunnel		Main line railway · Station · Tunnel
Autozug-Terminal		Autorail station
Besonders sehenswertes kulturelles Objekt	Neuschwanstein	Cultural site of particular interest
Besonders sehenswertes landschaftliches Objekt	Breitachklamm	Landscape of particular interest
Ausflüge & Touren		Excursions & Tours
Landschaftlich schöne Strecke		Route with beautiful scenery
Touristenstraße	Hanse-Route	Tourist route
Museumseisenbahn		Tourist train
Kirche, Kapelle · Kirchenruine		Church, chapel · Church ruin
Kloster · Klosterruine		Monastery · Monastery ruin
Schloss, Burg · Burgruine		Palace, castle · Castle ruin
Turm · Funk-, Fernsehturm		Tower · Radio or TV tower
Denkmal · Soldatenfriedhof		Monument · Military cemetery
Ruinenstätte, frühgeschichtliche Stätte · Höhle		Archaeological excavation, ruins · Cave
Hotel, Gasthaus, Berghütte · Heilbad		Hotel, inn, refuge · Spa
Campingplatz · Jugendherberge		Camping site · Youth hostel
Schwimmbad, Erlebnisbad, Strandbad · Golfplatz		Swimming pool, leisure pool, beach · Golf-course
Botanischer Garten, sehenswerter Park · Zoologischer Garten		Botanical gardens, interesting park · Zoological garden
Bedeutendes Bauwerk · Bedeutendes Areal		Important building · Important area

A
B
C
1
2
3
4
5
6
5 km
Lister Tief
Rømø
Sønderby
Havneby
Husum-Ballum
Buntje-Ballum
Rømø Dyb
Jordsands Flak
Jordsand
Koldby
419
Grønne
Hjerpsted
Nørre
Ellenbogen
Uthörn
List
Mövenberg
List-land
Højer Dyb
Westerheide
Klappholttal
Vogelkoje
Sylt
Rotes Kliff
Kampen
Pandertief
Hünengrab
Denghoog
Hügelgräber
Wenningstedt-Braderup (Sylt)
Nationalpark
Munkmarsch
Sylter Welle
Westerland
Keitum
Tinnum
Sønder Sejersle
Emmerle
Højer
Hestendragt
Hindenburgdamm
Mittelsand
Morsumkliff
Grüne Küstenstraße
Dikjen-Deel
Vogelkoje
Sylt-Ost
Archsum
Morsum
Rantum-Becken
Hünengrab
Friedrich-Wilhelm-Lübke-Koog
Klanxbüll
Rantum
Vogelkoje
Schleswig-Holsteinisches
Horsbüll
Emmelsbü
Steenack
Eidumtief
Puan Klent
Hörnumtief
Föhrer Schulter
Wattenmeer
Neuga
Marienk
Hörnum
Liinsand
Föhr
Dag
Ackerum
Klein Dunsum
Oldsum
Groß Dunsum
Osterland
Dagebüll-Hafen
Dagebü
Süderende
Wattenweg
Utersum
Westerland
Midlum
Oevenum
Alkersum
Wrixum
Hedehusum
Hünengräber
Borgsum
Boldixum
Witsum
Goting
Nieblum
Wyk auf Föhr
Hünengräber
Nordmannsgrund
Hünengrab
Norddorf
Vortrapptief
Helgoland 4h
Vogelkoje
Norderaue
Nebel
Nordmarsch-Langeneß
Langeneß
Kirchwarf
Bandixwarf
Hünengr.
Steenodde
Süddorf
Wittdün
Mayenswarf
Langeneß
Marschnack
Hilligenley
Amrum
Backenswarft 1¼h
Backens
Hallig
Helgoland
1½h (III-X)
½h (III-X)
1h (III-X)
112
110
kenswarft

DANMARK
Randerup
Abterp
Margueritruten
Brede
Harres
Bredebro
Borg
Ellum
Løgumgårde
Landeby
Løgumkloster
Kunstmuseum
Visbjerg
Øster Terp
Bedsted
Kisbæk
Arndrup
Arnå
Alslev
Draved
Mollerup
Sølsted
Visby
Tyvse
Høgslund
Vester Højst
Øster Højst
Ravsted
Gærup
Abild
Bøgvad
Søvang
Bredevad
Hvirlå
Daler
Østerby
Vennemose
Store Emmerske
Solderup
Sottrup
Grønne Kystvej
Bønderby
Schackenborg
Møgeltønder
Tønder
Hostrup
Lund
Bylderup-Bov
Jejsing
Hajstrup
Møgeltønder Kog
Rørkær
Ubjerg
Sæd
Grønå
Burkal
Rudbøl
Aventoft
Fischerhäuser
Nolde-Museum
Seebüll
Bøglum
Lydersholm
Store Jyndevad
Ellhöft
Rens
Neukirchen
Wimmersbüll
Süderlügum
Neupepersmark
Humptrup
Westre
Bramstedtlund
Grüne Küstenstraße
Bramstedt
Uphusum
Holm
Braderup
Ladelund
Lexgaard
Karlum
Boverstedt
Weesby
Jardelund
Bosbüll
Langstoft
Tinningstedt
Holt
Gotteskoog
Klixbüll
Achtrupfeld
Niebüll
Achtrup
Lütjenhorn
Deezbüll
Klockries
Büllsbüll
Lindholm
Leck
Sprakebüll
Maasbüll
Schnatebüll
Fresenhagen
Schafflund
Risum
Klintum
Stedesand
Rantzauhöhe
Hörup
Sande
Stadum
Juliane-Marienkoog
Enge
Engerheide
Holzacker
Trollebüll
Lecker Au
Schardebüll
Knorburg
Fahretoft
Efkebüll
Osterbargum
Riesbriek
Nordlinnau
Bargum
Soholmbrück
Soholm
Ostlinnau
Waygaard
Mönkebüll
Lütjenholm
Goldebek
Goldelund
Hauke-Haien-Koog
Schlüttsiel
Ockholm
Langenhorn
Rocheleysand
Hogelund
Gröde-Appelland
Sterdebüll
Büttjebüll
Stollberg
Dörpum
Högel
Joldelund
Gröde
Habel
Bordelum
Sönnebüll
Sönke-Nissen-Koog
Vollstedt
Kolkerheide
Bredstedt
Breklum
Drelsdorf
Hamburger Hallig
Kollund
Brook
Almdorf
Nordfriesland
Wattenmeer
111
113

A
B
C
110
1
2
3
4
5
6
Langeneß
Mayenswarf
Marschnack
Kirchwarf
Bandixwarf
Langeneß
Hilligenley
Nordmarsch-Langeneß
Schlüttsiel 1¼h
Rocheley-sand
Gröde-Appelland
Gröde
Habel
Koog
Sterdebüll
Bordelum
Sönke-Nissen-Koog
Wittdün
Hörnum
H a l l i g e n
Hamburger Hallig
Ipkenswarft
Backenswarft
Königspesel
Japsand
Hooge
Ockenswarft
Sandshörn
Beltring
Moorsteert
Norderwarft
Neuwarft
Nationalpark
Waldhusen
Pellworm
Tammensiel
P e l l w o r m
Ostertilli
Schmerhörn
Nordstrandischmoor
Norderoog
Norderoogsand
Rungholt-sand
Norderhafen
Strucklahnungs-hörn
Alterkoog
Westen
Süden
N o r d s t r a n d
Süderoog
Südfall
Nordstrand
Dreisprung
Nordstrander Watt
N o r d e r h e v e r
H e v e r s t r o m
Süderoogsand
Schleswig-Holsteinisches
Uelvesb
Schanze
Stufhusen
Slatterack
Tetenbüll-spieker
Norderfriedric
Kaltenhörn
Ahndel
Westerhever
Augustenkoog
Osterhever
Sieversfletherkoog
Lehmrick
Olde
Poppenbüll
Tümlauer Koog
Tetenbüll
E i d e r s t
Großmedehop
Katharinenheerd
Kleihö
Brösum
Tholendorf
Tating
Garding
202
27
Kotzenbüll
Ording
Sankt Peter-
Bad Sankt Peter
Grüne Küstenstraße
Esing
Heisternest
Sandwehle
Rüxbüll
Ehst
Grothusenkoog
Kating
Sankt Peter
Witzendün
Welt
Katingsiel
- Ording
Böhl
Süderhof
Vollerwiek
Süderhöft
Westerdeich
Katinger Watt
Eider sperrwerk
Eider
Schülpe
Linnen-plate
Wesselburenerkoog
Hillgroven
Wattenmeer
Norddeich
Wesselbure
Hellschen-Heringsand-Unterschaar
Süderdeich
N o r d e r p i e p
Blauortsand
Hirtenstall
Hedwigenkoog
5 km
114
112
Blauort
Grüne Küstenstraße
Westerdeichstrich
Oesterdeich

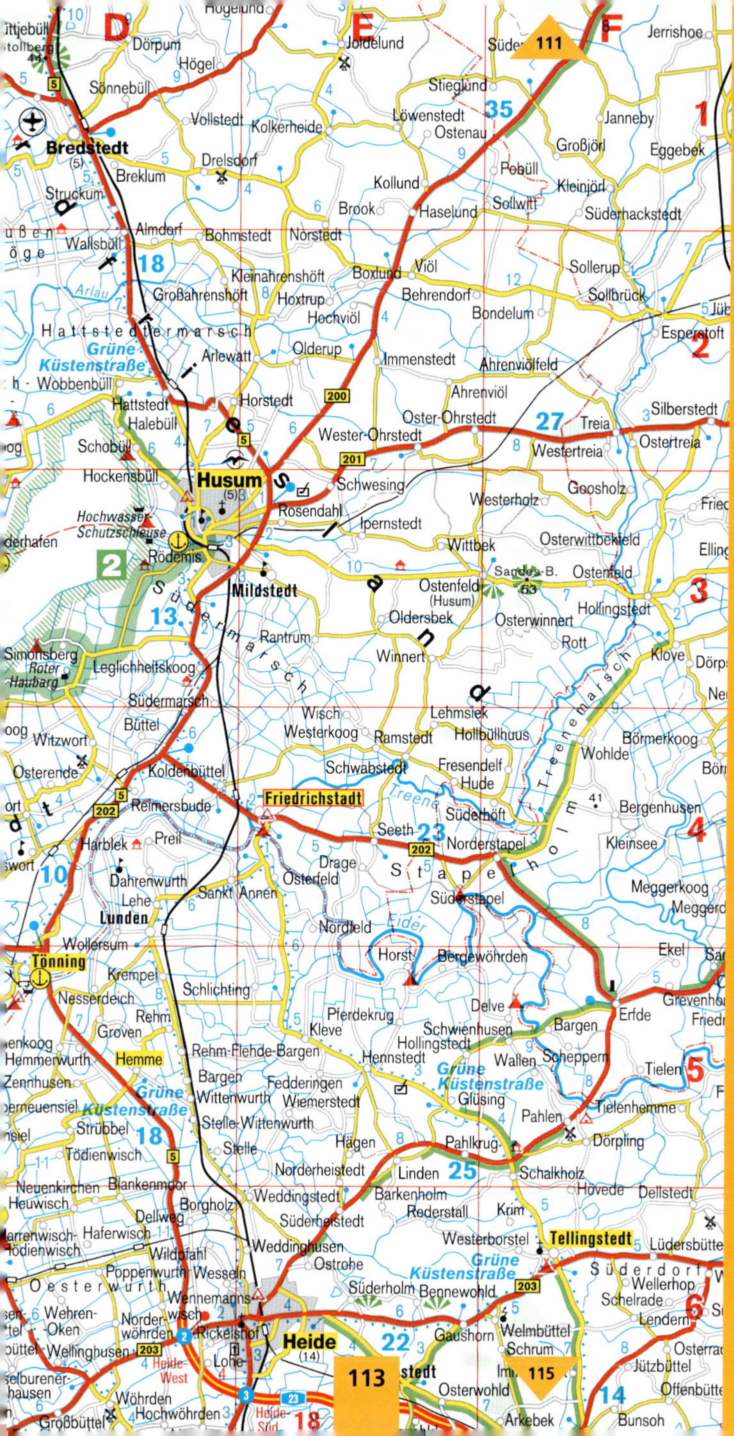

D
E
F
111
Jerrishoe
Dörpum
Högel
Joldelund
Süder
Sönnebüll
Stieglund
Löwenstedt
35
Janneby
1
Vollstedt
Kolkerheide
Ostenau
Großjörl
Eggebek
Bredstedt
Breklum
Drelsdorf
Pobüll
Struckum
Kollund
Kleinjörl
Brook
Haselund
Sollwitt
Süderhackstedt
Almdorf
Bohmstedt
Norstedt
Wallsbüll
18
Viöl
Sollerup
Kleinahrenshöft
Boxlund
Großahrenshöft
Hoxtrup
Behrendorf
Sollbrück
Arlau
Bondelum
Hochviöl
Hattstedtermarsch
Grüne Küstenstraße
Arlewatt
Olderup
Esperstoft
2
Wobbenbüll
Immenstedt
Ahrenviölfeld
200
Ahrenviöl
Hattstedt
Horstedt
Silberstedt
Halebüll
Oster-Ohrstedt
27
Treia
Schobüll
Wester-Ohrstedt
Westertreia
Ostertreia
201
Hockensbüll
Husum
Schwesing
Goosholz
Westerholz
Rosendahl
Hochwasser-Schutzschleuse
Ipernstedt
Osterwittbekfeld
Rödemis
Wittbek
Sandes-B.
Ostenfeld
Ostenfeld (Husum)
3
Mildstedt
13
Oldersbek
Osterwinnert
Hollingstedt
Rantrum
Rott
Simonsberg
Roter Haubarg
Leglichheitskoog
Winnert
Klove
Südermarsch
Lehmsiek
Treenemarsch
Bütteler
Wisch
Westerkoog
Ramstedt
Hollbüllhuus
Witzwort
Börmerkoog
Wohlde
Osterende
Koldenbüttel
Schwabstedt
Fresendelf
Hude
Treene
Reimersbude
Friedrichstadt
Bergenhusen
202
Südhöft
Seeth
23
Norderstapel
Kleinsee
4
Harblek
Preil
Drage
Stapelholm
10
Dahrenwurth
Osterfeld
Meggerkoog
Lehe
Sankt Annen
Süderstapel
Lunden
Nordfeld
Eider
Wollersum
Tönning
Horst
Bergewöhrden
Ekel
Krempel
Schlichting
Nesserdeich
Delve
Erfde
Rehm
Pferdekrug
Groven
Kleve
Schwienhusen
Bargen
Hollingstedt
Hemmerwurth
Hemme
Rehm-Flehde-Bargen
Wallen
Scheppern
Tielen
Zennhusen
Hennstedt
5
Bargen
Fedderingen
Glüsing
Wittenwurth
Wiemerstedt
Tielenhemme
Strübbel
Stelle-Wittenwurth
Pahlen
Hägen
Dörpling
Tödienwisch
Stelle
Pahlkrug
Norderheistedt
Linden
25
Schalkholz
Neuenkirchen
Blankenmoor
Heuwisch
Weddingstedt
Barkenholm
Hövede
Dellstedt
Borgholz
Dellweg
Süderheistedt
Rederstall
Krim
Haferwisch
Westerborstel
Tellingstedt
Lüdersbüttel
Wildpfahl
Weddinghusen
Poppenwurth
Wesseln
Ostrohe
Süderdorf
Oesterwurth
Süderholm
Bennewohld
Wellerhop
Wennemannswisch
203
Schelrade
Wehren-Oken
Norderwöhrden
Rickelshof
Heide
Lendern
6
Wellinghusen
Gaushorn
Welmbüttel
Lohe
22
Schrum
Osterrade
Heide-West
Jützbüttel
113
Osterwohld
115
14
Offenbüttel
Wöhrden
Hochwöhrden
Heide-Süd
Arkebek
Bunsoh
Großbüttel

112
5 km
Nationalpark
Schleswig-
Holsteinisches
Wattenmeer
Linnen-
plate
Eider
sperrwerk
Schülperaltensiel
Strübbel
Tödienwisch
Stelle
Schülp
Wesselburenerkoog
Neuenkirchen
Heuwisch
Blankenmoor
Borgholz
Hillgroven
Dellweg
Jarrenwisch-
Hödienwisch
Haferwisch
Norddeich
Wesselburen
Wildpfahl
Poppenwurth
Wesseln
Hellschen-
Heringsand-
-Unterschaar
Süderdeich
Oesterwurth
Wennemannswisch
Hassen-
büttel
Wehren-
-Oken
Norder-
wöhrden
Rickelshof
Blauortsand
Hirtenstall
Hedwigenkoog
Reinsbüttel
Wellinghusen
Lohe-
Heide-
West
Blauort
Grüne Küstenstraße
Wesselburener-
Deichhausen
Wöhrden
Westerdeichstrich
Oesterdeichstrich
Großbüttel
Hochwöhrden
Dreikaten
Friedrichsgabekoog
Lieth
Heide-
Süd
Osterhof
Ketelsbüttel
Braake
Büsumer Deichhausen
Hemmingstedt
Büsum
Warwerort
Christianskoog
Harmswöhrden
Helgoland 3h
Süderpiep
Norder-
meldorf
Barsfleth
Epenwöhrden
Meldorfer
Thalingburen
Neuer Meldorfer Hafen
Meldorf
Bielshövensand
Ammerswurth
Nindorf
Bucht
Elpersbüttel
Eesch
Trischen
Busenwurth
Edendorf
Barlter-
altendeich
Grüne Küstenstraße
Kaiserin-
-Auguste-
-Viktoria-
Barlterneuendeich
-Koog
Rugenort
Dieksand
Barlt
Friedrichskoog
Haken-
sand
Trennewurth
Kannemoor
Schmolteck
Krumwehl
Helse
Norderwisch
Süderdonn
Dieksanderkoog
Neulandhalle
Kronprinzenkoog
Rösthusen
Darenwurth
Volsemen-
husen
Dingen
Schadendorf
Süderwisch
Marne
Behmhusen
Marnerdeich
Fahrstedt
Kaiser-Wilhelm-Koog
Schafstedt
Diekhusen-
Ramhusen
Nordergründe
Auenbüttel
Klotzenloch
Marner
Neuenkoogsdeich
Schmedeswurth
Kattrepel
Wester-
belmhusen
Neufeld
Helgoland 1½-2½h
Neuwerk 1½h
Neufelderkoog
Medem-
sand
Medemsandinsel
Nord-
husen
Mühlen-
straßen
Döse
CUXHAVEN
Alte Liebe
Amerika-Hafen
Neufelder
Sand
Elbe
Cuxhaven
Schleswig-Holstein
Niedersachsen
Medemgrund
Groden
Cuxhaven
Wehldorf
Altenbruch-
-Westerende
Altenbruch
Müggendorf
Faulenhof
Altenwalde
Lüdingworth-
-Westerende
Störtebekerstr.
Otterndorf
Mahrdorf
Belum
Hörne
Altenbruch-
Osterende
Bahrdorf
Neuhaus
(Oste)
Lüdingworth-
Süderwisch
Grüne Küstenstr.
Norderteil
Geversdorf
Land Hadeln
Kehdingbruch
Dingwörden
Süderende
Lüdingworth-
-Seehausen
Osterbruch
Sprenge
Wester-
cadewisch
Aue
Spleth
Cadenberge
Nordleda
Kampen
Süderteil

D
E
F
113
Hägen
Pahlkrug
Dörpling
Elsdorf-
Westermühlen
Linden
25
Schalkholz
Dellstedter Moor
Barkenholm
Hövede
Dellstedt
21
Rederstall
Krim
Rethbucht
Westerborstel
Tellingstedt
Lüdersbüttel
Hörsten
Hamdorf
Ostrohe
Grüne Küstenstraße
Süderdorf
Wellerhop
Wrohm
Prinzenmoor
Huy
Lohklint
Süderholm
Bennewohld
203
Schelrade
Eider
Breiholz
Lendern
Süderrade
Gaushorn
Welmbüttel
Christianshütte
22
Schrum
Osterrade
Nord-Ostsee-Kanal
Nordhastedt
Immenstedt
Jützbüttel
Tackesdorf
Haale
Osterwohld
14
Offenbüttel
Oldenbüttel
Arkebek
Bunsoh
Westerwohld
Albersdorf
Fiel
Odderade
Wennbüttel
Steenfeld
Pemeln
Lütjenwestedt
Beldorf
Lehrsbüttel
-Röst
Liesbüttel
Hanerau-
-Hademarschen
Todenbüttel
Sarzbüttel
Albersdorf
4
Beringstedt
431
Nordholz
Gokels
Tensbüttel-
Großenbornholt
Ohrsee
14
Grüne Küstenstraße
Thaden
Seefeld
Schafstedt
Lütjenborn-
holt
Puls
Farnewinkel
Bendorf
Warringholz
Krumstedt
Schafstedt
5
Örsdorf
Hanerau-
Hademarschen
Aasbüttel
Oldenborstel
Eggstedt
Hohenhörn
6
Bokhorst
Siezbüttel
430
3
Süderhastedt
Besdorf
16
Kohlenbek
Schenefeld
Christinenthal
Kleinhastedt
Bokelrehm
Holstenniendorf
Hadenfeld
Pöschendorf
Frestedt
Nienbüttel
Reselith-B
7
Großenrade
Gribbohm
Looft
Hochdonn
63
Schenefeld
Quickborn
Brickeln
Kaisborstel
Hindorf
Wacken
Agethorst
Mehlbek
11
Hamberg
Vaale
Drage
Burg
Hopen
Hünengräber
Buchholz
Nutteln
Kaaks
Hohenaspe
Stubbenberg
Grüne Küstenstraße
Vaalermoor
Eversdorf
Huje
Hungriger Wolf
23
Kuden
Aebtissinwisch
Kleve
Westermühlen
Ottenbüttel
4
Dingerdonn
Buchholzermoor
Neuendorf-
Rahde
Sachsen-
bande
-3,6
Tiefste deutsche Landstelle
Krummendiek
Itzehoe-
Nord
Schlotfeld
Ecklak
Moor-
husen
Oldendorf
8
Edendorf
77
Eddelak
Norderdonn
Wilster
Averlak
Hackeboe
Bekdorf
206
Oelix-
dorf
Flethsee
Nortorf
Heiligenstedten
Kudensee
Landrecht
Bekmünde
ITZEHOE
Schotten
Wilster
Stördorf
6
Land-
scheide
Ostermoor
5
6
Dammfleth
16
Büttel
Stuven
Hodorf
Itzehoe-
Süd
Breitenbg.
Kernkraftwerk
Sankt Margarethen
Marsch
Heiligenstedtenerkamp
10
Münster-
dorf
Kleinarentsee
Hochfeld
5
Beidenfleth
Bahrenfleth
Kremperheide
Lägerdorf
Großarentsee
Dägeling
Elbmarschen
Kleinbarenfleth
Krempermoor
11
Lägerdorf
Grüne Küstenstraße
431
18
Brokdorf
Brokreihe
Neuenbrook
Neuenkirchen
Kremper
Steinburg
Hollerwettern
Borsfleth-
wisch
Grevenkop
Elbdeich
Stellenfleth
Störtebekerstraße
Wewelsfleth
Krempe
Balje
Krummendeich
Schöneworth
Borsfleth
Marsch
Himmel
Freiburg
(Elbe)
Ivenfleth
Krempdorf
Süderau
Süderdeich
Grüne Küstenstraße
Allwörden
Blomesche
Elskop
Oederquart
Grönland
Hollerdeich
Holenwisch
Wildnis
Sommerland
Klinten
Engel-
brechtsche
6
Kajedeich
Glückstadt
Herzhorn
Sieth
Dösemoor
115
Rhin-
Obendeich
Bruchweg
Wischhafen
Wildnis
plate
431
Strohdeich
Gehlensiel
495
Groß Kollmar
Altenmoor

In diesem Register sind alle in diesem Führer erwähnten Orte und Ausflugsziele verzeichnet. Halbfette Seitenzahlen verweisen auf den Haupteintrag, kursive auf ein Foto.

Schreiben Sie uns!

Liebe Leserin, lieber Leser,

wir setzen alles daran, Ihnen möglichst aktuelle Informationen mit auf die Reise zu geben. Dennoch schleichen sich manchmal Fehler ein – trotz gründlicher Recherche unserer Autoren/innen. Sie haben sicherlich Verständnis, dass der Verlag dafür keine Haftung übernehmen kann. Wir freuen uns aber, wenn Sie uns schreiben.

Senden Sie Ihre Post an die MARCO POLO Redaktion, MAIRDUMONT, Postfach 31 51, 73751 Ostfildern, info@marcopolo.de

Impressum

Titelbild: Westerhever Leuchtturm (O. Heinze)
Fotos: G. Franz (U. M., 7, 14, 20, 27, 43, 51, 69, 77, 78, 82, 85, 96, 98); HB Verlag (24); HB Verlag: Kluyver (U. r., 4, 5 l., 5 r., 6, 11, 18, 33, 34, 38, 39, 42, 44, 50, 52, 64, 67, 74, 76, 83, 88, 90); O. Heinze (1, 2 u., 9, 17, 22, 25, 26, 30, 40, 47, 57, 58, 63, 71, 101, 107); Lade: Kaki (2 o.); Mauritius: Hänel (49), Pott (81); M. Pasdzior (U. l., 36, 55, 62); G. Quedens (80, 87); O. Stadler (12, 93, 94, 102)

3. (7.), aktualisierte Auflage 2007 © MAIRDUMONT, Ostfildern
Herausgeber: Ferdinand Ranft, Chefredakteurin: Marion Zorn
Redaktion: Arnd M. Schuppius; Bildredaktion: Gabriele Forst
Kartografie Reiseatlas: © MAIRDUMONT/Falk Verlag, Ostfildern
Vermarktung: MAIRDUMONT MEDIA, media@mairdumont.com
Gestaltung: red.sign, Stuttgart

Printed in Germany. Gedruckt auf 100% chlorfrei gebleichtem Papier

Bloß nicht!

Damit Sie an der Küste keinen Krach kriegen ...

Platt sprechen

Wenn Sie es nicht beherrschen, es nur von der Volksbühne oder aus der Bierwerbung kennen, versuchen Sie es gar nicht erst. Eine Ausnahme ist der Gruß *Moin*, bei dem Sie wenig falsch machen können. Alle anderen Versuche, Platt zu sprechen, werden von den Einheimischen eher als »platte« Anbiederung belächelt. Verstehen Sie etwas nicht, fragen Sie: Die Küstenbewohner sind stolz auf ihre Sprache und erklären Ihnen gern die Bedeutung der seit Generationen gesprochenen Wörter.

Umrühren

Die Sahnehaube gehört dazu. Sie ziert nicht nur den Pharisäer und die Tote Tante, sie hält auch die Wärme des köstlichen Getränks. Grob fahrlässig wäre es, mit dem Löffel in diese Haube zu stechen, zu rühren, bis sie sich aufgelöst hat. Nein – trinken Sie mit Haube! Die kühle Sahne an der Oberlippe, auf der Zunge den heißen Kaffee oder die Schokolade inklusive der Prozente, das ist der Genuss. Für den befürchteten Sahnebart gibt es die Serviette!

Die Heimatflagge hissen

In zahlreichen Dörfern an der Küste gibt es eine »Berliner-« oder »Hamburger Straße«. Von den Einheimischen benannt nach den Menschen aus der Stadt, die hier einst zum Spottpreis alte, baufällige Reetdachhäuser kauften und die dann, um zu zeigen, woher sie kommen, die Flagge ihres Bundeslandes im Wind wehen lassen. Ähnliche landsmannschaftliche Bekenntnisse flattern gelegentlich in Form von Wimpeln an Strandkörben. Freunde machen Sie sich damit nicht!

Rasen

Sie verführen zum Tritt aufs Gaspedal, die schnurgeraden, glatt asphaltierten Wege durch die Köge. So gibt es während der Saison und an den Wochenenden hier und da einen Kennzeichenkrieg: NF und HEI gegen den Rest der Welt oder umgekehrt, je nachdem, wer sich hinter dem Steuer im Recht glaubt. Dem Rest der Welt sei gesagt, auch in Dörfern und auf einsamen Strecken wird geblitzt. Und es gibt die Rache der Fahrer mit den heimischen Kennzeichen. Sie lassen den Raser und Drängler schmoren, fahren schön langsam und zwar mittig auf der schmalen Straße.

Schwarzsitzen im Strandkorb

Es ist verlockend: sich reinsetzen, ohne zu zahlen. Sie können sicher sein: In der Saison werden Sie ertappt. Entweder kassiert der Mann mit der weißen Mütze, oder der Gast, der gezahlt hat, steht doch auf einmal vor Ihnen …